Der VfB Stuttgart

Oliver Böhnisch wurde 1968 in Stuttgart geboren und zog 1972 nach Bremen, was seine spätere Affinität zum VfB wahrscheinlich noch stärker herausbilden ließ.

Außer für den VfB interessiert er sich für die psychedelische Musik Kaliforniens zwischen 1966 und 1969 (Jefferson Airplaine, Greateful Dead, Love, Harpers Bizarre), für die Werke Brian Wilsons respektive den Beach Boys sowie für das Kochen und Feuerwerksfestivals.

Hinweise und Anmerkungen zu diesem Buch können gerne unter HB-Boehnisch@t-online.de abgegeben werden.

Oliver Böhnisch

Der VfB Stuttgart

Eine Zeitreise in Weiß und Rot

Für die Bereitstellung des Bildes für die Buchvorderseite danke ich
Günther Blumenstock, Oppenweiler.

Bibliografische Information der Deutschen Bibliothek:
Die Deutsche Bibliothek verzeichnet diese Publikation in der Deutschen
Nationalbibliografie; detaillierte Informationen sind im Internet über
<http://dnb.ddb.de> abrufbar.

© 2006 Oliver Böhnisch
Herstellung und Verlag: Books on Demand GmbH, Norderstedt
ISBN 3-8334-5020-7

Inhalt

Der rote Brustring

Was genau lässt einen Heranwachsenden sich irgendwann für einen Verein entscheiden? Ich meine, neben der Vorliebe der Eltern, der Herkunft und der Begeisterung für einzelne Spieler ist die Gestaltung der Trikots ein hier nicht zu unterschätzender Faktor.

Der Dress des VfB Stuttgart ist an Signifikanz nicht zu überbieten und hat sich mit seiner erfrischenden Eleganz über Jahrzehnte in das Auge des Betrachters gebrannt. Okay, es gibt das markante Schwarz-Gelb der Dortmunder Borussia, das giftige Grün der Bremer oder die schwarz-rot gestreiften Fußballkleider der Frankfurter oder des Nürnberger »Club«. Aber auch diese Trikots sind im Laufe der Jahre Wandlungen und neuen Kreationen unterworfen worden. Der rote Brustring dagegen ziert seit 1925 das weiße VfB-Trikot und hat den Jahrzehnten ebenso getrotzt wie der Einführung der Trikotwerbung Mitte der siebziger Jahre. Nur der MSV Duisburg besitzt mit seinem blau-weiß gestreiften »Zebra-Dress« ein ähnlich markantes Merkmal.

Der schneeweiße Dress mit dem blutroten Farbtupfer ist dem VfB als Vertreter Stuttgarts im wahrsten Sinne des Wortes auf den Leib geschnitten. Die Landeshauptstadt als Inbegriff einer der deutschen Kulturstädte mit ausgezeichneter Oper, Theater, Ballett und Museen scheint hier auch auf ihr fußballerisches Aushängeschild abgefärbt zu haben. Die Grazie und Eleganz des Stuttgarter Trikots – fast ist man geneigt, von einem Fußball-Ballett zu sprechen, zumal der VfB immer dafür bekannt war, »eine feine Klinge« zu spielen, ein pittoreskes Spiel aufzuziehen.

Gerade in der heutigen Medienwelt ist die Einzigartigkeit des ersten Eindrucks eines Vereins nicht hoch genug einzuschätzen. Die Bundesliga wird heutzutage, wie die anderen großen Ligen Europas, weltweit in Dutzende Länder übertragen. Abgesehen davon, dass Stuttgart durch seine Automobiltradition, Großkonzerne und die Großveranstaltungen in der Leichtathletik weltweit schon einen Namen besitzt, kommt dieses Trikot der Stadt sowie dem Verein und seinen Partnern schon sehr zugute.

Die Traditionalisten unter den Fans fühlten sich seit der Einführung der Trikotwerbung durch die »Unterwanderung« des Brustringes durch den jeweiligen Werbeschriftzug gestört. Aus Sicht der jeweiligen Werbepartner ist der Brustring paradoxerweise aber wie geschaffen dafür, den Namen des Unternehmens gut hervorzuheben. Das Zusammenspiel zwischen dem Tradition verkörpernden Brustring und der aktuellen Werbung ist hier so markant, dass man sich schnell an die Trikotwerbungen der letzten Jahrzehnte erinnert. Am markantesten war wahrscheinlich der wellenartige Schriftzug eines Stuttgarter Brauereiunternehmens, den jeder Anhänger mit dem 84er-Titel in Verbindung bringt.

Der rote Brustring vereinigt alle Generationen von VfB-Fans und ist einer der entscheidendsten Identifikationsfaktoren dieses Vereins.

Auf die nächsten 80 Jahre!

Mir san mir

Man kann davon ausgehen, dass sich die Mentalität einer Stadt oder Region auf die Spielweise eines Clubs niederschlägt und speziell in Extremsituationen durchschlägt. Ohne in Klischees verfallen zu wollen, haben sich bestimmte Vereine über Jahrzehnte in ihrem fußballerischen Stil den Eigenheiten ihrer Stadt angepasst beziehungsweise auch deren Veränderungen.

Nehmen wir den VfL Bochum. In den siebziger und achtziger Jahren beackerten die Woelck, Abel und Tenhagen den Platz an der Castroper Straße. Mit dem Wandel der Stadt vom Kohle- zum Dienstleistungsstandort wandelte sich plötzlich auch der Stil des VfL zu einem spieltechnisch beachtlichen Verein. Diesen Wandel mussten die ehemals »Unabsteigbaren« allerdings mit gleich mehreren Abstiegen bezahlen.

Der 1. FC Kaiserslautern besaß in den fünfziger Jahren Ausnahmespieler, konnte in den darauf folgenden Jahrzehnten die Klasse aber wohl nur dadurch halten, weil die typischen Pfälzer Tugenden griffen. Eine zu schnelle und rigorose Internationalisierung scheint den FCK nun an die Wand zu drängen. Der Frankfurter Fußball Ende der siebziger Jahre besaß mit Hölzenbein, Grabowski und Cha eine gewisse »Internationalität« und entsprach dem Großstadt-Flair »Mainhattans«. Die Bremer lehrten durch einen gewissen norddeutschen Stoizismus die Gegner vor allem zu Hause das Fürchten.

Freiburgs Fußball war jahrelang ebenso schön und etwas selbstverliebt wie die umgebende Landschaft.

Aber zurück zum VfB. Spiegelt sich in unserem Verein der Hang des Schwaben zum Schöngeistigen wider, der mit einem hohen Anspruch an die Dinge herantritt, dem aber gleichzeitig in entscheidenden Situationen die Angst vor der eigenen Courage zum Hindernis und Verhängnis wird?

Wenn sich, wie beschrieben, die Mentalität einer Stadt in der Spielweise eines Clubs niederschlägt, dann müsste sich auch, ganz allgemein gesprochen, der »Charakter« der Menschen einer Stadt auf einen Verein übertragen. Das ist ganz sicher so, auch wenn die Clubs heutzutage »kosmopolitisch« geprägt sind und die Verweildauer der Spieler nicht mehr so lange ist wie früher.

Die Frage ist doch: Wäre dieser Verein mit seinen großen Voraussetzungen und Ausgangssituationen mit einer »bayrischen Mentalität« vielleicht der FC Bayern Deutschlands geworden?

Stellen wir im Zeitraffer die letzten fünf Jahrzehnte der beiden süddeutschen Konkurrenten gegenüber. Der VfB war der erfolgreichste deutsche Nachkriegsverein bis zur Einführung der Bundesliga mit vier Titeln, Bayern München in dieser Zeit nur eine regionale Größe. Als der Münchner Aufstieg Ende der sechziger Jahre begann, war der VfB ein arrivierter Verein in der Bundesliga, der sich im gehobenen Mittelfeld etabliert hatte. Als Bayern München mit der Kombination aus Olympia-Stadion und Jahrhundertspielern Anfang der siebziger Jahre vorbeizog, war der Vorsprung, spätestens nach dem VfB-Abstieg 1975, erst einmal immens. In den darauf folgenden Jahren nach dem Wiederaufstieg gab es aber immer wieder Phasen, in denen man nicht nur zu den Münchnern hätte aufschließen, sondern zumindest vorübergehend eine Wachablösung hätte herbeiführen können.

Ende der siebziger Jahre waren die »Jungen Wilden« von Sundermann sicherlich die talentierteste Mannschaft und aufgrund ihrer Altersstruktur perspektivisch im Vorteil gegenüber den routinierten Kölnern und Hamburgern. Bayern München kam erst mit Breitners Rückkehr zurück in die Spur.

Jenes 1:4 gegen Köln, welches am vorletzten Spieltag 78/79 den Titel kostete, war jedoch ein erster Hinweis darauf, dass der VfB in dem Moment, in dem der gesamte Fokus Fußball-Deutschlands auf ihn gerichtet ist, eine gewisse Hemmung bekommt und viel von seiner Leichtigkeit verliert.

1984 war man Meister, doch nationale und internationale Lorbeeren erntete in den darauf folgenden Jahren wieder der Rivale von der Isar.

Das magische Dreieck verzauberte 96/97 die Nation, doch Meister wurden die Münchner. Unter anderem deshalb, weil der VfB wieder mal in aussichtsreicher Situation das »Fracksausen« bekam. An einem der letzten Spieltage führte man eine Viertelstunde vor Schluss in Bochum, ehe ein Doppelschlag die Genialität einer ganzen Saison zerstörte und die Münchner mit ihrem sachlichen, italienischen Trapattoni-Stil den Titel holten.

Die größte Chance einer Wachablösung bot sich jedoch 91/92! Der VfB wurde zum vierten Mal Meister, während Bayern drei Trainer verschliss und bis kurz vor Schluss gegen den Abstieg kämpfte. Ausgerechnet das VfB-Spiel sollte für die Münchner die Wende zum Guten darstellen, wie der VfB später auch die ärgsten Dortmunder Sorgen des Abstiegskampfes »beseitigte« (2000). Doch auch in der Daum-Ära konnte das Niveau nicht gehalten werden, auf Leeds wird später noch speziell einzugehen sein. Dass auch die »Jungen Wilden« der Neuzeit ihre hoch gesteckten Ziele nicht auf Dauer umsetzen konnten, passt eigentlich ins Bild.

Dass wir uns nicht falsch verstehen: Andere Großstädte wie Berlin, Essen, Hannover, Nürnberg oder Düsseldorf würden sicherlich gerne mit der fußballerischen Bilanz Stuttgarts in den letzten Jahrzehnten tauschen wollen. Der VfB hat sich sowohl national (sieben Titel, vier »Vize«-Titel, mittlerweile Vierter in der »ewigen« Bundesliga-Tabelle) als auch international (zwei Endspiel-Teilnahmen und das Manchester-Highlight) einen beachtlichen Namen gemacht.

Aber: Hat die gemütliche, gediegene und vielleicht etwas verschrobene Grundstimmung in Stuttgart dazu (mit) beigetragen, dass der VfB Stuttgart an den Nahtstellen zum ganz großen Durchbruch nicht weiterkam? Wie ist es sonst zu erklären, dass Menschen der unterschiedlichsten Couleur, charakterlichen Beschaffenheit und Herkunft zu den unterschiedlichsten Zeiten den dauerhaften Erfolg am Wasen nicht installieren konnten? Weder die Feingeister Buchmann, Benthaus, Roleder, Hansi Müller und Allgöwer noch die bodenständigen Typen wie Haan, die Förster-Brüder, Buchwald, Walter und Schäfer noch die echten »Pusher« wie Sundermann und Daum? Auch die ausländischen Top-Stars wie Balakov, Sigurvinsson und Soldo konnten nicht verhindern, dass ein gewisses Stuttgarter Phlegma einzog in Phasen, in denen das Erreichte eigentlich hätte zementiert werden müssen.

Der Stuttgarter an sich besitzt nicht die Nonchalance des Kölners, nicht die Direktheit des Berliners und vor allem nicht die nach außen gekehrte Selbstsicherheit des Münchners. Er hat dafür Eigenschaften, die man als hervorragende »Kontrollmechanismen« bezeichnen könnte: Selbstzweifel, Bescheidenheit, ständiges Hinterfragen der Dinge.

Auf erstaunliche Art und Weise kann man die feinsinnige Stuttgarter Mentalität auch in einer auffälligen Häufigkeit bei den VfB'lern wiederentdecken. Sicherlich besaß der Verein auch einige »Haudegen«, insgesamt jedoch viele Akteure, die man als Fußball-Intellektuelle bezeichnen darf. Ein Bernd Martin gab damals an, sich mit der Musik Gustav Mahlers und der Psychologie zu beschäftigen. Ähnliches hat man in jüngster Zeit eigentlich nur vom Gladbacher Thomas »Mozart« Broich vernommen.

Auch ein Roleder, Hitzfeld, Allgöwer, Sigurvinsson, Klinsmann, Balakov oder die Trainer Benthaus und Buchmann waren Protagonisten, die über den Tellerrand des Spieles hinausblickten. Aber alles wahrscheinlich auch Personen, die durch ihre Intelligenz mit Selbstzweifeln ausgestattet waren, welche in Extremsituationen nicht förderlich waren und nach Erfolgen die Gefahr eines Einbruchs ins Kalkül zogen.

Bayrische Haudegen des Schlages Müller, Maier oder Schwarzenbeck gingen auf dem Wege zum Erfolg wohl einen direkteren Weg!

Dennoch stellt sich insgesamt die Frage, ob der Verein nach den Erfolgen einen offensiveren Weg in der Personalpolitik und einen extrovertierteren in der Außendarstellung hätte gehen müssen. Nico Claesen nach dem Titelgewinn 1984 sowie das Trio Strunz, Knup und Golke nach dem 92er-Titel wie auch die verlustreichen Abgänge von Katanec und Elber – oft wurde es nach Triumphen verpasst nachzulegen.

Auch hat man insgesamt im Nachhinein den Eindruck, der VfB habe seine Titel nicht in der Manier überregional »verkauft«, wie dies in anderen Städten der Fall gewesen wäre. Man stelle sich vor, was in Köln oder Berlin für ein Aufhebens herrschte, sollten hier einmal Erfolge wie in Stuttgart Einzug halten.

Die schwäbische Bescheidenheit dann auch in allen Ehren, aber welche Posse sich die Stadt Stuttgart nach dem Titel 1992 leistete, ist dann auch einzigartig in Deutschland. Ein angemeldeter Flohmarkt (!) auf dem Marktplatz wurde nicht abgesagt, der VfB musste mit seinen

Feierlichkeiten vor das Neckarstadion ausweichen. Bleibt zu hoffen, dass dies eine einmalige Farce darstellte, denn die Meisterschaften in den Fünfzigern und der Titel 1984 wurde von Hunderttausenden in Bad Cannstatt gefeiert, und beim Pokal-Sieg 1997 wurde gar der Marktplatz freigegeben.

Abschließend kann man feststellen, dass das Verhältnis des »Schöngeistes« VfB zum »Mir san mir«-FCB dem der holländischen zur deutschen Nationalmannschaft auf erstaunliche Weise nahe kommt, besonders auch in den direkten Duellen. Die einen bekamen die besseren Haltungsnoten, die anderen sahen das nackte Ergebnis im Vordergrund und wurden, auf die Jahre gesehen, häufiger für diese Haltung belohnt.

Wer den Fußball also in erster Linie aus ästhetischen Gesichtspunkten betrachtet, war beim VfB Stuttgart immer sehr gut aufgehoben.

Die Zeitreise

77/78: Stürmische Neckar-Brise

Beginnen wir unsere Zeitreise durch die Jahrzehnte im Jahr 1977, in dem der Verfasser dieser Zeilen wie viele der heutigen Anhänger mit dem VfB-Virus befallen wurde oder den Club wiederentdeckte.

War der VfB seit der Gründung der Bundesliga ein solider Club, der sich im gehobenen Mittelfeld tummelte, ohne große Duftmarken zu setzen, so begann nach dem Wiederaufstieg eine neue Zeitrechnung.

Schon in der zweiten Liga zeichnete sich ab, dass etwas Außergewöhnliches in Stuttgart entsteht. Über hundert Tore erzielten die Hitzfeld, Hansi Müller, Dieter Hoeneß & Co. Die traditionell erstklassige Jugendarbeit des Vereins trug zum richtigen Zeitpunkt Früchte. Entscheidend für das sensationelle Comeback in der Liga mit der für 20 Jahre erfolgreichsten Bilanz eines Aufsteigers (erst der Lauterer Sensationstitel 1998 kippte den Rekord) war ein eingespieltes Team, das mit Kelsch und Hattenberger sehr gut ergänzt wurde.

Das Geheimnis auch der damaligen »Jungen Wilden« machte auch damals die Mixtur aus Erfahrung und Talenten aus. Der neuen VfB-Generation um Hansi Müller und Karl-Heinz Förster standen Routiniers und ausgebuffte Profis wie Dragan Holcer, Hattenberger, Hadewicz und Ohlicher gegenüber. Und mittendrin stand ein Jürgen Sundermann, der mit seiner enthusiastischen und gleichzeitig analytischen Art der perfekte Coach für diese Elf war.

Nach holprigem Start schaffte es Sundermann, die Wildheit und Euphorie seines Teams in geordnete Bahnen zu lenken, was vor allem bei der Atmosphäre im Neckarstadion kein leichtes Unterfangen war. Mit Hansi Müller, Kelsch, Dieter Hoeneß, Ohlicher und Hitzfeld hatte man zeitweilig fünf rein nach vorne ausgerichtete Spieler aufgeboten, was nur mit einer derart eingespielten Defensive möglich war. Auch hier gibt es deutliche Parallelen zur »zweiten Generation« der »Jungen Wilden«. Roleder war auf der Linie ebenso ein Teufel wie Hildebrand. Die Souveränität von Bordon/Meira besaß der VfB damals im routinierten Libero Holcer und seinen spielintelligenten Außenverteidigern Elmer und Martin. Vorausgesetzt, Vorstopper Karl-Heinz Förster ließ überhaupt etwas zu. Die Soldo und Meißner des defensiven Mittelfeldes waren Hattenberger und Hadewicz, wahre Kämpfer vor dem Herrn.

Durch sein in gleichem Maße elegantes wie feuriges Spiel und die sich vom Neckarstadion wellenartig ausbreitende Begeisterung verschaffte sich der VfB Stuttgart erstmals in seiner (Bundesliga-)Geschichte Popularität in ganz Deutschland. Auch die späteren (Wieder-)Aufsteiger Bremen, Mannheim, Freiburg, Mainz, Köln oder Frankfurt gelang es trotz großen Feedbacks nicht, eine derartige Anteilnahme auszulösen wie die Rückkehrer aus Stuttgart in diesen Tagen.

Am Ende sollten fast 55.000 Menschen durchschnittlich die Tore des Neckarstadions passiert haben – ein Rekord, der annähernd 20 Jahre Bestand hatte. Balsam auf die Seele eines Vereins, der in den zwei Jahren zweiter Liga in Spielen gegen Eintracht Bad Kreuznach, den FSV Frankfurt, Röchling Völklingen, den SSV Reutlingen oder Bayern Hof teilweise nur noch 3000 Getreue um sich scharen konnte.

Nach monatelangen Positionskämpfen mit der Düsseldorfer Fortuna belegte man sensationell den vierten Platz und war gleich wieder europäisch vertreten.

78/79: Reifeprüfung bestanden

Der Start mit schlimmen Auswärtsniederlagen in K'lautern (1:5), Düsseldorf (0:2) und Dortmund (0:2) ließ nicht erahnen, dass der VfB am Ende nur aufgrund der beschriebenen Heimniederlage gegen Köln am 33. Spieltag den Titel verfehlte.

Wieder war der Spielerstamm gehalten worden und bei den Einkäufen setzte man mit Bernd Förster und Georg Volkert abermals auf die Mischung aus jungem Blut und Routine.

Die große Stärke des VfB war, dass die »Flügelzange« des Dreimannsturms mit Volkert, Kelsch und Hoeneß in unnachahmlicher Weise brillierte, immer wieder in Szene gesetzt von Hansi Müller, dem größten deutschen Spielmacher-Talent. Auch wenn Volkert ja noch ein Neuzugang war, griffen die Automatismen sofort, und am Ende zeichneten alleine die drei für 39 (!) der 73 VfB-Treffer verantwortlich. Aus heutiger Sicht einfach unglaublich ist, dass ein damals mit 33 Jahren schon betagter »Schorsch« Volkert als Linksaußen 13 Tore in dieser Saison machte, davon gleich viermal einen Doppelpack.

Überhaupt war die Speerspitze mit der Dreier-Angriffsformation ein Highlight des Fußballs in den Siebzigern, etwas, was sich die heutigen Generationen an Trainern mal wieder ins Notizbuch schreiben könnten. Neben der geballten Stuttgarter Angriffs-Power setzten beispielsweise auch Kaiserslautern mit Bongartz, Toppmöller und Wendt oder Schalke mit Abramczyk, Fischer und Kremers auf diese klassische Sturmformation.

So war die Saison 78/79 der Beginn einer jahrelangen Torflut des VfB Stuttgart – in den kommenden sieben Jahren sollte man nur einmal (81/82) weniger als 70 Treffer erzielen! 41.000 goutierten dies durchschnittlich mit ihrem Besuch im Neckarstadion. Die Zahlen tendierten also wieder etwas Richtung Normalmaß, waren aber immer noch weit vor dem Rest der Liga. Lediglich Meister Hamburger SV bewegte sich in diesen Dimensionen.

Die Stuttgarter Darbietungen zogen automatisch nach sich, dass der VfB seit langer Zeit endlich wieder Nationalspieler stellen konnte. Im Gegensatz zu den »Goldenen Fünfzigern«, als der VfB den deutschen Vereinsfußball fast ein Jahrzehnt mitbeherrschte, aber im Gegensatz zum FC Kaiserslautern mit keinem Spieler in der Schweiz 54 vertreten war, wurden die Leistungen des Emporkömmlings jetzt sofort gewürdigt. Während Hansi Müller unter Helmut Schön schon eine akzeptable WM Argentinia 78 spielte (zwei Tore gegen Mexiko), setzte Nachfolger Derwall zunächst auf Karl-Heinz und Bernd Förster, obwohl der ältere von beiden in der Hinrunde 78/79 heftig um seinen Stammplatz bei Sundermann kämpfen musste. Im Mai 79 gab Bernd Martin beim EM-Qualifikationsspiel in Wales sein legendäres 2-Minuten-Länderspieldebüt für die Ewigkeit. Während der Islandreise einige Wochen später standen mit den Förster-Brüdern, Kelsch und Dieter Hoeneß plötzlich auch ohne Hansi Müller vier Stuttgarter in Reykjavik auf dem Rasen. Es wird wohl Derwalls Geheimnis bleiben, warum für Martin, Kelsch und Hoeneß die Länderspielkarrieren damit aber auch schon fast beendet sein sollten, ehe sie begannen. Für Hansi Müller und die Försters sollten noch erfolgreiche Jahre im Adler-Dress folgen, gekrönt vom Titel des Europameisters 1980 in Italien und dem WM-Finale 1982 in Spanien.

Auch das internationale Comeback des VfB hatte es in sich. Zunächst kamen nach dem 3:2-»Derby«-Sieg in Basel zwar nur 20.000 Zuschauer beim 4:1 ins Neckarstadion (damals hatten die Hinspielergebnisse noch gravierendere Auswirkungen auf das Zuschauerverhalten), doch in den darauf folgenden Runden begannen die legendären Stuttgarter

Europapokal-Nächte, die sich über Monate hinziehen sollten. 64.000 trieben den VfB nach dem 1:2 bei Torpedo Moskau im Rückspiel zum 2:0. 71.000 umjubelten das 4:1 gegen das heute fast vergessene Dukla Prag, welches der VfB bei widrigsten Verhältnissen in der Goldenen Stadt verspielte – 0:4.

Die Beispiele Köln und Prag zeigten auf, dass sich der VfB trotz seines enormen Reifegrades noch den letzten Feinschliff für das Bestehen in Ausnahmesituationen holen musste. Umso erstaunlicher und tragischer kam in Verein und Umfeld Jürgen Sundermanns Ankündigung an, den Verein nun zu verlassen, um als Wahlschweizer sein Niederlassungsrecht nicht zu riskieren.

Niemand sah Sundermanns Mission beim VfB schon als beendet an und keiner konnte sich vorstellen, dass nun jemand anderes diesen Part übernehmen sollte. Zu gut kannte Sundermann das Innenleben des Teams, wusste die Stärken gezielt einzusetzen und auf letzte Schwächen zu reagieren, um das Optimum herauszuholen.

Gerade in dieser Phase war es eminent wichtig, dass der gesamte Kader zusammenblieb. Der VfB hatte zwar seine Antriebsfeder verloren, aber die eingespielten Mechanismen auf dem Rasen ließen weiterhin alle Zukunftsträume möglich erscheinen.

79/80: Zur falschen Zeit am falschen Ort

Ganz objektiv betrachtet ist Sundermann-Nachfolger Lothar Buchmann eine der tragischen Figuren der VfB-Geschichte. In akribischer Kleinarbeit hatte er in der Vorsaison mit seinem Assistenten Klaus Schlappner die Darmstädter »Feierabendfußballer« in die Bundesliga geführt, nun wurde er mit einem Star-Ensemble belohnt.

Vorweg: Mit dem 3. Platz in der Liga und einer berauschenden europäischen Visitenkarte spielte der VfB abermals eine hervorragende Saison. Die Stimmung im Verein und seinem gesamten Umfeld Buchmann gegenüber war jedoch von Anfang an, gelinde gesagt, als distanziert und unterkühlt zu bezeichnen.

Der reservierte Coach war weder in den Augen der Fans noch denen der Medien der legitime Nachfolger ihres »Messias« Sundermann. Wahrscheinlich hätte es jeder Trainer nach Sundermann schwer gehabt, doch Buchmann wurde im Speziellen zum Verhängnis, dass er in der Außendarstellung mit seiner ruhigen und analytischen Art genau das Gegenteil seines verehrten Vorgängers abgab und sich dies mit der in Stuttgart entfachten leidenschaftlichen Grundstimmung nicht vertrug. Nachdem sich trotz aller Erfolge auch Teile der Mannschaft mit Buchmann anlegten, war das Kapitel auch schon nach einer Saison vorbei.

Die Demontage Buchmanns erinnert an die späteren Geschehnisse um Winnie Schäfer, den Verein und Umfeld nach dem mehr als populären »Jogi« Löw ebenso wenig akzeptierten. Dennoch ist es schon mehr als bedenklich, dass die Ära Buchmann in fast allen zum VfB Stuttgart erschienenen Büchern praktisch ausgeklammert wird. Denn unvergessen bleiben werden speziell die Europapokal-Auftritte aus dieser Spielzeit.

Gleich in der ersten Runde des UEFA-Cups lag der VfB nach einem 1:0 vor 65.000 zu Hause im Rückspiel in Turin in der Verlängerung mit 0:2 hinten, ehe ein Verzweiflungsschuss Ohlichers in der 120. Minute für die Erlösung sorgte. Allerdings nur für kurze Zeit, denn unmittelbar danach mussten die VfB'ler vor den aufgebrachten Tifosi flüchten, die nur mit Tränengas im Zaum gehalten werden konnten. Nach dem Weiterkommen gegen Dynamo Dresden, Grashoppers Zürich und Lokomotive Sofia stand der VfB Stuttgart zum zweiten Mal in seiner Geschichte in einem Halbfinale des UEFA-Cups. Hatte das Hinspiel des rein deutschen Halbfinales noch ein dramatisches Happyend, so endete das Rückspiel tragisch. Gegen die Gladbacher sorgten Ohlicher und Volkert im Neckarstadion in den letzten drei Minuten für ein 2:1, ehe ausgerechnet die Herren Matthäus und Winnie Schäfer die Borussia auf dem Bökelberg ins Finale gegen Eintracht Frankfurt schossen.

Der VfB hatte abermals knapp am ganz großen Ziel vorbeigeschossen, dennoch war es eine turbulente und emotionsreiche Spielzeit, welche man unter anderem einem Lothar Buchmann zu verdanken hatte.

80/81: Zurück in die Zukunft

Als den schwedischen Pop-Ikonen Abba vor einigen Jahren eine Milliarde Dollar von der Musikindustrie für ein Comeback geboten wurde, lehnten diese dankend ab. Zu groß war die Sorge der lebenden Legenden, sie könnten ihr eigenes Denkmal ankratzen.

Beim VfB und Jürgen Sundermann waren die beidseitigen Entzugserscheinungen jedoch so groß, dass man die Devise, nie ein zweites Mal an den Ort des größten Triumphes zurückzukehren, außer Acht ließ. So kehrte der einstige Wundermann nach nur einem Jahr bei den Grashoppers Zürich an den Wasen zurück.

Die größten Probleme sah man von Beginn an in der Bildung der Sturmformation, der einstigen Stärke. Dieter Hoeneß hatte den Verein bereits ein Jahr vorher verlassen und jetzt verlor man auch noch »Schorsch« Volkert, der seine Karriere beim 1. FC Nürnberg ausklingen ließ. Dafür hatte der VfB junges Blut verpflichtet: Nach Kelsch kam mit Karl Allgöwer ein zweiter Senkrechtstarter von den Stuttgarter Kickers. Er sollte für über ein Jahrzehnt VfB-Geschichte schreiben. Zudem gab es die Talente Bernd Klotz (der bereits unter Buchmann siebenmal traf), Tüfekci, Günther Schäfer und einen gewissen Joachim Löw, der sich jedoch im Testspiel gegen den FC Liverpool einen Beinbruch zuzog und monatelang außer Gefecht war.

Um es vorwegzunehmen: Obwohl der VfB wiederum vorne mitmischte, konnte Sundermann die Euphorie und den Spirit seiner ersten Amtszeit nicht mehr entfachen. Im Gegenteil: Gegenüber dem Buchmann-Jahr sank der Schnitt von 33.500 auf 30.000 Besucher ab, obwohl man mit 70 Toren zum Schluss abermals eine stolze Bilanz vorzuweisen hatte.

Der Angriff funktionierte also überraschend gut, obwohl er aus der Not geboren war. Nachdem Sundermann zunächst nur auf die Zweierspitze mit Kelsch und Klotz setzte, setzten Allgöwer und Ilias Tüfekci, der sich zum erfolgreichsten und effektivsten Joker in der VfB-Historie entwickeln sollte, immer wieder Ausrufezeichen. Allgöwer mit zehn Toren in seiner ersten Bundesligasaison und der völlig unbelastete Tüfekci mit 13 Treffern waren die Gewinner dieser Saison. Aber auch Walter Kelsch unterstrich mit zehn Toren seine Bedeutung für die Weiß-Roten, während der Stern Bernd Klotz schnell verglühte. Nach sechs Toren in den ersten sieben Spielen bekam er kein Bein mehr auf den Boden und wechselte nach der Saison zu Borussia Dortmund, wo er besser zurechtkam. Ende der Achtziger sollte Klotz in Diensten von Fortuna Düsseldorf das unglaublichste Eigentor zugunsten des VfB machen, einen Rückpass aus 40 Metern (!) im eigenen Kasten versenken.

Trotz des beschriebenen Angriffswirbels gab es in der Chefetage des VfB damals drei Ansatzpunkte, dass der beschrittene Weg, nur mit

Talenten zum Erfolg zu kommen, wohl nicht ausreichen würde, den lang gehegten Traum zu erfüllen, ganz an die Spitze zu kommen. Zum einen gab es im innerdeutschen UEFA-Cup-Duell gegen den 1. FC Köln ein bitteres Ausscheiden nach dramatischem Verlauf (3:1 im Neckarstadion, 1:4 n. V. in Müngersdorf), zum anderen betrachtete das mittlerweile verwöhnte Stuttgarter Publikum einen dritten Platz schon als nichts Außergewöhnliches mehr. Und zu guter Letzt war ein Angriff auf die wieder erstarkten Münchner (Meister 79 und 80) mit dem Duo Breitner/Rummenigge nur mit Verstärkung zu erreichen. Diese sollte kommen …

81/82: Ein Titelaspirant verfällt in Frust

Nachdem der VfB Stuttgart in den vier Jahren nach dem Wiederaufstieg immer in der Rolle des aufsteigenden Kometen im Windschatten der Konkurrenz agieren konnte, waren die Voraussetzungen vor dieser Saison andere. Nach den Plätzen 4, 2, 3 und 3 verlangte das Stuttgarter Umfeld nun den ganz großen Wurf, allgemein wurde von einer Reifeprüfung gesprochen. Trotz des Sturmwirbels im Vorjahr setzte man den Hebel in diesem Bereich an und verpflichtete mit Linksaußen Didier Six und Kölns Mittelstürmer Dieter Müller zwei absolute Hochkaräter. Der VfB besaß mit den beiden und Kelsch wieder eine Angriffsformation europäischen Zuschnitts.

Ansonsten verließ nur Dragan Holcer den VfB. Der Jugoslawe, der bereits in jungen Jahren 1966 (!) im WM-Halbfinale gegen England stand, hatte maßgeblichen Anteil für die Entwicklung des VfB aus den Niederungen der zweiten Liga heraus. Seinen Part übernahm der Rumäne Alexander Szatmari, der schon in der Vorsaison in die Libero-Rolle hineingewachsen war.

Trotz guter Vorzeichen entwickelte sich eine Alptraumsaison, die als Beispiel dafür diente, dass ein gewachsener Teamgeist durch rigorose Einflüsse von außen zerstört werden kann. Die beiden Top-Einkäufe dafür verantwortlich zu machen, würde allerdings nicht den Tatsachen entsprechen. Dieter Müller wurde in Stuttgart zwar nie heimisch, aber er erzielte immerhin 13 Treffer. Und Six? Der Franzose wurde mit seiner unkonventionellen Art sofort Liebling der Massen. Eine Mischung aus Fußball-Rastelli und Flankengott, der die Legende vom Linksaußen und dem kleinen Spleen untermauerte. Six' Stärke und gleichzeitige Schwäche war seine Unberechenbarkeit, die ihn ständig zwischen Welt- und Kreisklasse wandeln ließ. Dennoch machte auch Six zehn Treffer. Darunter den legendären Kopfball-Torpedo im Bochumer Ruhrstadion, als er einen Abschlag des Bochumer Keepers Zumdick aus 30 Metern (!) direkt einköpfte.

Die Saison selbst verlief weniger positiv spektakulär, sie endete im totalen Frust. Nach drei Startsiegen entwickelte sich eine Berg- und Talfahrt, die »garniert« war von den Pokal-Niederlagen gegen Hajduk Split (1. Runde UEFA-Pokal) und Mönchengladbach (3. Runde DFB-Pokal). Sundermann stellte derart offensiv auf, dass man das Gefühl hatte, er wolle den lang ersehnten Traum erzwingen. Aufstellungen mit Hansi Müller, Dieter Müller, Kelsch, Allgöwer, Six und Beck, also geballte Offensiv-Power, waren keine Seltenheit. Zum Schluss erinnerte vieles an die griechische Sage von Ikarus. Jürgen Sundermann hatte viel gewagt, das Ergebnis war ein 9. Platz, und der VfB stand erstmals nach dem Wiederaufstieg vor einer Zäsur. Der einstige Wundermann selbst sah seine Zeit zum Absprung gekommen. Nie wieder sollte er in einem Verein auch nur annähernd etwas Derartiges auslösen können wie bei seinem ersten Engagement in Stuttgart. Sein nachfolgender Wechsel ausgerechnet zu den Stuttgarter Kickers sollte den endgültigen Karriereknick bedeuten. Die weiteren Stationen des »Trainer des Jahres 1978« gingen dann auch irgendwie unter, zumal die

Verweildauer in Gelsenkirchen, Straßburg, Berlin, Prag, Unterhaching oder Leipzig teilweise sehr kurz war.

Des Weiteren verlor der VfB beide Müller. Dieter versuchte nun in Bordeaux sein Glück. Schwerwiegender war natürlich der Verlust des langjährigen Impulsgebers für das gesamte VfB-Spiel. »Hansi« folgte nach der WM 1982 dem Ruf Inter Mailands und verwirklichte seinen italienischen Traum. Der VfB Stuttgart stand also ohne Spielmacher und Trainer da. Wie konnte es weitergehen?

82/83: Zwei intelligente Köpfe sorgen für Aufbruchstimmung

Die Verpflichtungen von Trainer Helmut Benthaus und Asgeir Sigurvinsson waren zwei der positivsten Personalentscheidungen des Vereins, welche das entstandene Vakuum mehr als ausfüllten.

Benthaus, als Spieler mit dem 1. FC Köln 1963 erster Bundesligameister und im Jahr darauf Vize, kam als Legende des FC Basel an den Neckar. 1965 wechselte er zunächst als Spieler-Trainer von Köln zu den Eidgenossen, ehe er die Rot-Blauen in elf Jahren zu sieben Meistertiteln führte. Die Parallelen zu Sundermann waren also unverkennbar.

Abermals holte der VfB einen deutschen Trainer, der in der Schweiz heimisch geworden war. Auch Sundermann spielte in Basel und war vor seinem Wechsel Spieler-Trainer bei Servette Genf. Wahrscheinlich war auch das ein Grund, warum er in Stuttgart sofort die Sprache der Spieler sprach. Von der Mentalität trennte die beiden natürlich schon etwas. Der Feingeist Helmut Benthaus sah sich noch als Fußballlehrer alten »Herberger'schen« Zuschnitts. Seine oberste Prämisse war es, die Spieler auszubilden, und des Weiteren, deren Eigenverantwortlichkeit auf dem Spielfeld herauszubilden. Im Umgang mit den Spielern setzte er auf eine Dialogfähigkeit, zumal er eine autoritäre Trainer-Spieler-Beziehung aus eigener Erfahrung ablehnte. Anfang der sechziger Jahre verließ er 1860 und Max Merkel aus jenem Grunde Richtung Köln.

In Asgeir Sigurvinsson hatte Benthaus genau jenen intelligenten, eigenverantwortlichen Regisseur gefunden, der von nun an sein verlängerter Arm auf dem Spielfeld war. Der »Eismeer«-Zico, in München nicht zum Zuge gekommen, hatte etwas Majestätisches, kühle Eleganz Ausstrahlendes an sich. Zudem war er die perfekte Ergänzung zu Karl Allgöwer. Beide kombinierten Technik und Dynamik eindrucksvoll und entwickelten ein perfektes Timing, abwechselnd in die Spitze zu stoßen. Zudem musste der VfB auch nicht die diagonalen 40-Meter-Pässe eines »Hansi« Müller missen, Sigurvinsson schlug sie ebenso. Ein großes Plus der beiden VfB-Spielmacher war es, dass sie in Hermann Ohlicher, der seine Rolle jetzt defensiver interpretierte, und im Duisburger Neuzugang Thomas Kempe wahre Laufwunder hinter sich wussten.

Und es gab weitere glückliche Konstellationen, die dafür sorgten, dass der VfB Stuttgart in dieser Phase plötzlich wieder sehr stark aufgestellt war. Der erfahrene Defensiv-Allrounder Kurt Niedermayer übernahm den Libero-Part und sorgte mit den Förster-Brüdern und dem immer stärker aufstrebenden Günther Schäfer für Stabilität in den hinteren Reihen, obwohl diese erst im Meisterjahr voll zum Tragen kommen sollte. Peter Reichert, in der Vorsaison schon als Joker in Erscheinung getreten, entwickelte sich plötzlich zu einem Top-Mittelstürmer. 14 Tore gingen auf sein Konto. Aber auch Six mit elf Treffern und der aus allen Positionen abfeuernde Allgöwer (21 Tore, Zweiter in der Torschützenliste hinter Völler) sorgten für ein Comeback des hemmungslosen Stuttgarter Angriffsspiels.

Nur die etwas bessere Abwehrbilanz ließ die Hamburger und Bremer in diesem Jahr noch knapp vor dem VfB ins Ziel gelangen. Neben dem sportlichen Comeback war die Genugtuung am Wasen aber auch deshalb so groß, weil der VfB erstmals nach vier Jahren wieder vor dem großen Südrivalen von der Isar stand.

Aber auch in einer solch enthusiastischen Spielzeit blieben Wermutstropfen nicht aus. Im DFB-Pokal-Halbfinale in Köln-Müngersdorf führte man bis sechs Minuten vor Schluss. Nach der Verlängerung standen die Kölner im Pokal-Finale, welches der VfB gegen Zweitligist Fortuna Köln bestritten hätte. In Erinnerung bleibt auch die erste Rote Karte für einen Bundesliga-Torwart, die sich VfB-Keeper Roleder im April 83 durch eine Grätsche beim VfL Bochum holte.

Zwischen Helmut Benthaus und Enfant terrible Six entwickelte sich mit zunehmender Zeit eine Dauerfehde, die schließlich mit der Trennung vom Franzosen endete. Die Frage bleibt, ob ein weitsichtiger Mann wie Benthaus hier keine Alternativen und Agreements hätte entwickeln können. Er sah sicherlich die Harmonie und das Innenleben im Team gefährdet, für Six sprach aber noch immer sein sportlicher Wert.

Völlig in der Versenkung verschwand Ilias Tüfekci. Er verließ den VfB Richtung Schalke und war neben Six der einzige namhafte Abgang. Dennoch herrschte auf der Linksaußen-Position natürlich Handlungsbedarf, wie der Verein sich allgemein wieder einmal entscheiden musste, ob und inwiefern er ein eingespieltes Team verändern wollte. Reichte der Kader für einen Großangriff auf das Nonplusultra der damaligen Zeit, Europapokal-Sieger Hamburger SV, aus?

83/84: 32 Jahre Warten sind vorüber

Die Erwartungshaltung vor dieser Saison war nach den offensiven Leckerbissen des ersten Benthaus-Jahres natürlich groß, aber nicht ausufernd. Noch steckten die Erfahrungen des letzten Sundermann-Jahres im Hinterkopf. Zudem war der Fokus der Öffentlichkeit zusätzlich auf den Europacup-Gewinner aus Hamburg gerichtet sowie auf Werder Bremen, das wie der VfB in seiner zweiten Saison nach dem Wiederaufstieg Vizemeister wurde. Aus diesem Windschatten heraus sollte sich für den VfB ein günstiger Verlauf entwickeln.

Als Six-Nachfolger wurde der Schwede Dan Corneliusson verpflichtet, ein Jahr zuvor UEFA-Cup-Sieger mit dem IFK Göteborg über den Hamburger SV. »Conny« schlug sensationell ein und machte in den ersten sechs Spielen sechs Tore (ein Dreierpack gegen Bochum, später sollte ein weiterer gegen K'lautern folgen). Peter Reichert dagegen sollte erst spät in die Saison finden.

Priorität im zweiten Benthaus-Jahr sollte das Perfektionieren des Abwehrverbundes haben. Hier entwickelte sich eine interessante Konstellation. Der im Vorjahr aus der Oberliga geholte Hans-Peter Makan blühte nach seiner schweren Verletzung fortan richtig auf und übernahm die Libero-Position, während Niedermayer ins Mittelfeld wechselte und hier dem Ganzen einen defensiveren Touch verlieh als Kempe. Der Defensivverbund mit Roleder, Karl-Heinz und Bernd Förster, Schäfer und Niedermayer wurde komplettiert mit Guido Buchwald, dem die Umstellung von der zweiten in die erste Liga nicht die geringsten Probleme bereiten sollte. Benthaus und der VfB hatten es geschafft, einen perfekten Defensivriegel aus Spielern im besten Fußballalter zu kreieren, und welchen, die für ihr Alter schon sehr weit waren. Hier lag der Hauptgrund für den späteren Triumph. Spiele werden bekanntermaßen durch den Angriff gewonnen, Titel aber von einer funktionierenden Defensive.

Der ganz große Triumph geriet erstmals am letzten Vorrundenspieltag in Sichtweite. Zwar hatte man in einem denkwürdigen Derby die Bayern im Oktober im Neckarstadion mit 1:0 bezwungen, doch diese waren damals nicht das Maß der Dinge. Die Souveränität, mit welcher der VfB allerdings am 17. Spieltag die Magath, Kaltz & Co. beherrschte, verblüffte Fans und Experten gleichermaßen. Mit 2:0 wurde im Kühlschrank Volksparkstadion der Herbstmeistertitel eingefahren. Dass man wenige Wochen später die Hamburger in deren Festung in einer unglaublichen Partie auch noch aus dem DFB-Pokal kegeln sollte (4:3 n. V.), gab einen zusätzlichen Schub in der Hoffnung auf den großen Coup.

Dennoch beschäftigte die gesamte Winterpause Fußball-Stuttgart die Frage, ob der VfB dem Druck diesmal standhalten würde oder ob die Pole-Position das Nervenkostüm der Männer mit dem Brust-ring wieder durcheinander wirbeln sollte. Zumindest eines war sicher: Die Roleder, Förster und Kelsch waren nun keine »Youngster« mehr, konnten sieben Jahre nach dem Wiederaufstieg auf Erfahrungswerte zurückgreifen.

Generell herrschte im Verein im Gegensatz zur zweiten Sundermann-Phase eher eine Grundstimmung des »Alles kann, nichts muss«. Das große Plus gegenüber früheren Zeiten war im Meisterjahr dann auch die mentale Stärke, die Charaktere wie Sigurvinsson, Allgöwer, Förster oder Ohlicher auf die gesamte Mannschaft übertrugen. In schwierigen Phasen wurde immer eine passende Antwort gefunden. Als beispiels-weise der Rückrundenstart bei der Braunschweiger Eintracht tatsäch-lich alle Befürchtungen bestätigte (0:1), wurde das Malheur gegen Kaiserslautern (5:1) gleich wieder begradigt. Und zum ersten Mal seit dem Wiederaufstieg konnte der VfB die Taktzahl erhöhen, je näher es auf das Ende zuging. An den letzten Spieltagen gab es Kantersiege gegen Düsseldorf und Nürnberg (je 6:0) und die Offenbacher (5:1). Der Titel selbst kam dennoch aus heiterem Himmel!

Am 32. Spieltag verspielte der VfB in den letzten Minuten ein 2:0 gegen Frankfurt und die Verfolger aus Hamburg, Gladbach und München witterten Morgenluft. So reiste man am vorletzten Spieltag nach Bremen, um sich lediglich eine günstige Ausgangsposition für das apostrophierte Superfinale gegen den HSV zu schaffen.

Der Fußball ist schon eigenartig: Jahrelang unternahm ein Verein alle Anstrengungen, um einmal ganz oben zu stehen, und oft war er sich dabei selbst der größte Gegner. Aber an diesem durchfluteten Sonnentag im Weserstadion sollten die Präsente nur so auf den VfB einprasseln. Das Remis der Münchner in Dortmund war noch halbwegs normal, doch dass die Frankfurter Jungspunde um Sievers, Berthold und Falkenmayer in Hamburg triumphieren? Die ungläubigen Wahrnehmungsversuche eines Helmut Benthaus nach dem Abpfiff werden ebenso unvergessen bleiben wie das entscheidende Tor in Bremen. Mit Hermann Ohlicher traf es genau den Richtigen. Über ein Jahrzehnt, nachdem er beim 3:0 gegen Schalke debütierte und alle Treffer machte, wurde der Kapitän belohnt. Welch eine Genugtuung für einen, der mit dem Verein durch die absolute Tiefen der 2. Liga gehen musste und der sich immer in den Dienst der Mannschaft stellte.

Aber auch andere VfB'ler hatten es sich und anderen bewiesen. Niedermayer und Sigurvinsson mit ihrem Wechsel von München nach Stuttgart. Speziell der Isländer bewies den Bayern, dass sie mit ihm vielleicht doch besser gefahren wären als mit Nachfolger Lerby. Peter Reichert untermauerte nach holprigem Start erneut seine Qualitäten (zwölf Tore), und Buchwald war aus dem Team nicht mehr wegzudenken. Mit ihm, den Förster-Brüdern, Roleder und Günther Schäfer standen erstmals seit fünf Jahren wieder vier Stuttgarter in Derwalls A-Kader und reisten zur EM nach Frankreich.

Den größten Verdienst am ersten Titelgewinn nach 1952 hatte aber der Trainer. Benthaus profitierte sicher von der mittlerweile entstandenen Reife des Kaders und den richtigen Personalentscheidungen zum richtigen Zeitpunkt. Dennoch war die Akribie und Konzentration, mit der er das Team auf die Aufgaben vorbereitete, förmlich spürbar und weckte auch über Stuttgart hinaus Interesse. Benthaus hätte Bundestrainer werden können und hatte Anfragen vom FC Barcelona. Er blieb beim VfB. Wohl ein weiteres Indiz dafür, dass dieser Trainer in erster Linie an kontinuierlichen Entwicklungen seines Teams interessiert war. 17 Jahre Basel sprechen für sich.

Zunächst aber galt es, den längst überfälligen dritten Meistertitel zu feiern – zu viel Zeit war seit den »Goldenen Fünfzigern« vergangen.

84/85: Mit Buchwalds Malheur fing alles an

Wo heutzutage vor Saisonbeginn (oder mittlerweile auch in der Winterpause) ganze Teile des Kaders ausgewechselt werden, herrschte in der damaligen Zeit nur eine punktuelle Fluktuation. Doch mit Six-Nachfolger Nico Claesen und dem nächsten Kickers-Transfer Jürgen Klinsmann wurden für den Angriff zwei interessante Spieler verpflichtet. Claesen war immerhin drittbester Torschütze in Europa.

Insgesamt war die Grundstimmung des Meisters also freudig und angespannt zugleich. Wie oft hatte der Erfolg nur eine kurze Verweildauer am Wasen. Schon in den dreißiger Jahren sahen Vereinsobere das Hauptmanko darin, dass die Kontinuität des Erfolgs nicht eine Stärke des VfB Stuttgart sei.

Das Schicksal schlug dann nach vier (!) Minuten in der neuen Saison auf dem Lauterer Betzenberg zu. Guido Buchwald brach sich den Knöchel. Trotz der Wichtigkeit Buchwalds für die Defensiv-Phalanx des VfB hätte man dies sicher kompensieren können, zumal aus Andreas Müller mittlerweile eine adäquate Alternative im defensiven Mittelfeld geworden war. Aber ich meine, dieses Malheur zu diesem Zeitpunkt hatte psychologisch eine große negative Tragweite. Nach dem Motto: Seht her, ihr Stuttgarter, es gibt Mächte, die kann man nicht beeinflussen. So entwickelte sich beim Meister eine Verletzungsmisere ungeahnten Ausmaßes, der halbe Kader wurde von wochenlangen Ausfällen heimgesucht. Sicherlich am schwersten wog der Ausfall Sigurvinssons für die gesamte Rückrunde.

Zunächst schoss sich der VfB den Betzenberg-Frust (1:2) mit Kantersiegen gegen Braunschweig (6:1) und Bielefeld (7:2) vom Leib. Nico Claesen hatte einen sehr guten Einstand, doch in noch stärkerem Maße, wie bei seinem Vorgänger Corneliusson, sollte er am Ende kein Bein mehr auf den Boden bekommen. Wie überhaupt der VfB wieder einmal damit überfordert war, dem Erreichten Stabilität zu verleihen. Die negativen Erlebnisse reihten sich quasi wie eine Perlenkette aneinander. Zunächst gab es gegen Bremen (1:3) und in München (2:3) Niederlagen gegen die direkte Konkurrenz. Im Landesmeister-Pokal verabschiedete man sich als Favorit gegen Levsky/Spartak Sofia (1:1, 2:2), und das Pokal-Aus gegen Saarbrücken setzte dem Ganzen die Krone auf.

Am Ende der Saison stand der Meister auf Rang zehn und hatte neben günstigen Perspektiven auch den Kredit der Fans verspielt. Gegenüber dem Meisterjahr kamen 10.000 weniger ins Neckarstadion (21.000). Mit Ohlicher, Niedermayer und Kempe wurden nach der Saison wichtige Strategen verloren.

Noch schwerer ins Gewicht dagegen fiel eine andere Entscheidung. Bereits im März vor der Partie in München erklärte Helmut Benthaus, den VfB Stuttgart am Saisonende zu verlassen. In der Presse und im Umfeld wurde unverhohlen von Fahnenflucht gesprochen. Wohl jeder war davon ausgegangen, dass diese Saison als Aneinanderreihung von unglücklichen Umständen ad acta gelegt würde und der Trainer die Situation im kommenden, dann vierten Jahr am Wasen wieder in den Griff bekäme. Die Mixtur aus vergebenen Karrierechancen auf dem Höhepunkt als Meister-Trainer (DFB-Trainer) und den aktuellen frustrierenden Erlebnissen ließ diese Entscheidung wohl schnell reifen.

Ähnlich wie Sundermann in Stuttgart versuchte Benthaus noch einmal beim FC Basel glorreiche Zeiten aufleben zu lassen, doch es blieb beim Versuch. Zumindest war er nicht mehr am Abstieg der Basler 1988 direkt beteiligt. Die Renaissance des FC Basel mit den Champions-League-Auftritten in jüngster Vergangenheit dürfte ihm dann allerdings das Herz sehr erwärmt haben. Wie ein Helmut Benthaus auch immer davon sprach, gerne ins Neckartal zurückzukehren und den Stolz und die Verbundenheit der Stuttgarter bis heute zu spüren, wenn sie über den Titel 1984 sinnierten. Benthaus zog sich nach seinem zweiten Baseler Engagement vollkommen zurück und ging in die Versicherungsbranche. Er sah die Chemie zwischen ihm und der mittlerweile herangewachsenen Generation von Spielern als nicht mehr gewährleistet. Zu viele Interessensgebiete außerhalb des Spielfeldes und zu viele Medientermine der Spieler erschwerten einem Fußballlehrer wie ihm natürlich die gezielte Ansprache und das konzentrierte Arbeiten. Der etwas bittere Abgang eines Helmut Benthaus war dann auch gleichzeitig verbunden mit dem Entstehen eines neuen Trainer-Bildes, welches nun ganz gezielt die Medien in seine Arbeit mit einbezog und benutzte (Christoph Daum).

Eine persönliche positive Bilanz zogen eigentlich nur zwei VfB'ler. Karl Allgöwer fand mit 19 Toren zu alter Gefährlichkeit zurück. Ein Spieler seines Kalibers würde es in der heutigen Zeit locker auf mehr als die nur zehn sporadischen Länderspieleinsätze zwischen 1980 und1986 bringen, darunter das 1:2 gegen Brasilien 1981 und das 0:1 gegen Portugal 1985, jeweils im Neckarstadion. Mit zwölf Toren deutete Jürgen Klinsmann an, dass der VfB wie bei den Transfers von Buchwald und Allgöwer mitten ins »Blaue« getroffen hatte. Dennoch, wie drei Jahre zuvor, waren die Konturen des zukünftigen VfB Stuttgart auch diesmal unklar.

85/86: Happyend dank Entenmann

Nach drei Jahren gab es also wieder einen Wechsel auf der Kommandobrücke des VfB.

Der Ruf des bei Rapid Wien erfolgreichen Otto »Maximal« Baric war bis nach Stuttgart gedrungen. Speziell seine Vorliebe für junge Spieler stieß bei den Verantwortlichen am Wasen auf Interesse, denn bei der Altersstruktur des Stuttgarter Kaders galt es mittlerweile, perspektivisch zu denken. Bei Rapid Wien baute Baric sechs Talente ein, welche später zu Nationalspielern wurden. Baric war bekannt für seine temperamentvolle und kompromisslose Art und forderte seine Mannschaften immer dazu auf, bis an die Grenzen zu gehen.

Der Start war eine Dublette der Vorsaison. Gleich beim ersten Auftritt gegen Gladbach verletzte sich Bernd Förster schwer, doch niemand ahnte, dass dies das Karriereende des älteren Försters sein sollte. Über Monate kämpfte sich Bernd, der immer etwas im Schatten des Weltklasse-Vorstoppers Karl-Heinz stand, an sein Comeback heran. Der Verein gab ihm in der Vorbereitung auf die nächste Saison jedoch den Laufpass, ohne eine weitere Entwicklung des Rekonvaleszenten abzuwarten. Der 33-fache Nationalspieler konnte später zumindest in den Traditionsmannschaften des VfB noch mal die Stiefel schnüren.

Wieder war man also gezwungen, im Abwehrbereich zu improvisieren. Die Defensive mit dem jungen Libero Rainer Zietsch, Förster, Schäfer und dem aus Saarbrücken geholten Michael Nushöhr funktionierte passabel, was auch auf Buchwalds Rückkehr ins Mittelfeld zurückzuführen war. Das Mittelfeld war weiterhin der stärkste Mannschaftsteil und vorne vertraute man auf eine Weiterentwicklung von Klinsmann und Claesen sowie eine zweiten Frühling von Peter Reichert.

Nach einem Dreivierteljahr war die »maximale« Mission des Otto Baric jedoch beendet, obwohl die sportliche Zwischenbilanz Anfang März noch Perspektiven auf den UEFA-Cup-Platz zuließ. Einen UEFA-Cup-Platz, den der Jugoslawe nach dem 10. Rang im Vorjahr als das »Maximale« für Stuttgart ansah. Zudem stand man nach Siegen über Braunschweig, Nürnberg, Bremen und dem unvergessenen 6:2 über Schalke im Pokal-Halbfinale.

Was also ließ Baric scheitern? Zunächst gab es ein Sammelsurium der unterschiedlichsten Auftritte des VfB. Echten Highlights wie den Heimsiegen gegen Düsseldorf, Köln und Hannover (5:0, 5:0, 7:0) folgte Tristesse bei der Heimpleite gegen Bochum (0:4) oder den Einbrüchen in Mannheim (3:5) und in Bremen (0:6).

Zudem besaß der VfB Stuttgart in Baric erstmals einen Trainer, der sich vehement in die Vereinspolitik einbrachte. Von Beginn an sprach er Claesen die Tauglichkeit ab und nach acht Spieltagen entsprach der Verein Barics Auffassung und der Belgier wurde zu Standard Lüttich abgeschoben. Als neuen Linksaußen holte Baric Landsmann Predrag Pasic aus Sarajewo, der Olympia-Stadt 1984. Pasic kam bei den VfB-Fans tatsächlich besser an als Claesen und bildete mit Klinsmann ein sofort funktionierendes Duo. Auch nach dieser Verpflichtung forderte Baric so lange eine Verbesserung des Kaders, bis es dem Vorstand wahrscheinlich zu bunt wurde.

Als Nachfolger für die kommende Saison wurde der Münchner Co-Trainer Egon Coordes verpflichtet, der spätestens nach der Siegesserie von Interims-Coach Willi Entenmann ein Problem hatte. Coordes hatte sein Engagement davon abhängig gemacht, ohne Co-Trainer arbeiten zu können. Dies war für Entenmann, der sich mit Benthaus noch exzellent ergänzt hatte, natürlich ein totaler Affront, zumal sich der Verein sicher mehr als einmal überlegt hatte, ob die frühe Bekanntgabe des Baric-Nachfolgers nicht vorschnell war. Wie befreit trumpfte der VfB in der Bundesliga unter Entenmann auf, holte 17:3 Punkte, darunter das 7:0 in Düsseldorf mit fünf Klinsmann-Treffern – nur Dieter Müller hatte mit Köln gegen Bremen 1977 mehr Tore in einem Spiel erzielt.

Bereits für den UEFA-Cup qualifiziert, hätte der VfB die Zugabe Pokal-Finale locker angehen können, hätte der Gegner nicht Bayern München geheißen und wäre der letzte Titel im Pokal nicht 28 Jahre her gewesen. Nur eine Woche vor dem Finale hievte ausgerechnet der VfB den Erzrivalen von der Isar auf den Meisterthron, indem man Werder Bremen im Neckarstadion mit 2:1 schlug. Dadurch war der VfB automatisch für den europäischen Pokal-Sieger-Wettbewerb qualifiziert.

Das Berliner Pokal-Finale sah einen VfB, der wieder einmal aus unerklärlichen Gründen verkrampfte. Allgemein war angenommen worden, dass der VfB mit der Dynamik und Selbstsicherheit der letzten Wochen ein hartes Kaliber für den Meister werden würde. Das 2:5 war zwar ein kollektives Versagen, zeigte aber im Speziellen auf, dass die Verteidigung für Spiele auf diesem Niveau vielleicht doch nicht mehr die Klasse früherer Tage hatte und jetzt weiter auseinander brach. Mit Karl-Heinz Förster und Helmut Roleder verlor der VfB die letzten »Mohikaner« der Wiederaufstiegs-Elf. Förster vertrat die Stuttgarter Farben bei der WM 86 in Mexiko zusammen mit Karl Allgöwer.

Genau hier verkündete der Vorstopper nach über einem Jahrzehnt, Stuttgart zu verlassen und nach Marseille zu wechseln.

Die fürstliche Ablösesumme in Ehren, aber speziell Allgöwer kritisierte die Vereinsführung für diesen Verlust, zumal die Verteidigung noch in einer Phase der Selbstfindung war. Dass ausgerechnet der Torwart, das Bindeglied in der Hintermannschaft, ebenfalls ausschied (Hüftprobleme), war doppelt bitter. Helmut Roleder war sicherlich einer der Keeper mit den außergewöhnlichsten Reflexen auf der Linie und zudem mit seiner angenehm unaufgeregten Art einer der Lieblinge der VfB-Fans. Das »Roleder, Roleder« aus dem A-Block sollte einem abgehen. Roleder wechselte noch für einige Zeit in die Scouting-Abteilung.

Eines war jetzt sicher: Der zukünftige Coordes-Kader bedurfte einer erheblichen Auffrischung, speziell in den hinteren Reihen.

86/87: Harmonie sieht anders aus

Die »One-Man-Show« des Egon Coordes sollte also beginnen.

Zunächst gab es Identifikationsprobleme von Seiten der Anhängerschaft, denn erstmals nach dem Wiederaufstieg gab es eine rigorose Umstellung des Kaders. Roleder und die Förster-Brüder, diese Legenden im Dress mit dem roten Brustring, gab es nicht mehr. Auch Peter Reichert (wechselte zu den Ex-VfB'lern Kelsch und Six nach Straßburg) und Hans-Peter Makan, der schon nach wenigen Profi-Jahren seinen Verletzungen Tribut zollen musste, verließen Stuttgart.

Man kann sicherlich sagen, dass im Hinblick auf sportliche Klasse, Sympathie und Identifikation Welten zwischen den altgedienten Abgängen und den Neuzugängen lagen. Bis auf eine Ausnahme: Mit Torwart Eike Immel, der schon als Teenager zwischen den BVB-Pfosten stand, kam ein erstklassiger Keeper direkt aus Beckenbauers WM-Kader in Mexiko. Man musste kein Prophet sein, um in Immel früher oder später den Nachfolger Schumachers zu sehen. Aber Verteidiger Bertram Beierlorzer (München), Mittelfeldspieler Michael Schröder (HSV) und die Zweitliga-Stürmer Leo Bunk (Torschützenkönig, Blau-Weiß Berlin) und Andreas Merkle (Kickers, 15 Tore) waren alles andere als Hochkaräter.

Zudem war das Klima schon vor Saisonbeginn gestört. Die Anhänger trauerten ihrem Willi Entenmann nach und lehnten den Trainer aus Bayern kategorisch ab. Vieles erinnerte an die spätere Konstellation mit Löw und Schäfer. Die Presse fand keinen Zugang zum spröden Coordes, der seinerseits auch kein Interesse an der sich verändernden, offeneren Medienlandschaft zu haben schien. Von Anfang an entwickelte sich auch zu den Spielern ein angespanntes Verhältnis, da Coordes' unberechenbare Disziplinarmaßnahmen (Pasic) nicht auf fruchtbaren Boden fielen. Einzig und allein ein respektabler Saisonstart in UEFA-Rang-Nähe verhinderte, dass die Situation am Wasen vorzeitig eskalierte.

Abermals gelang es dem Verein recht gut, die Aderlässe im Abwehrbereich zu kompensieren. Nach dem Libero-Experiment Allgöwer (!) übernahm Beierlorzer diese Position, während nun Buchwald Försters Part übernahm und Andreas Müller eine feste Größe im defensiven Mittelfeld wurde.

Vorbei mit der aufgesetzten Harmonie war es beim VfB Stuttgart dann allerdings mit dem Fiasko gegen Torpedo Moskau in der ersten Landesmeister-Runde. Nach dem 0:2 in Moskau rannte der VfB im Neckarstadion ins offene Messer und ging 3:5 unter. Wochenlange Ressentiments entluden sich. Coordes wurde bis zu seiner Haustür verfolgt und gegen Bremen blieb der A-Block anfangs leer. Zudem forderte Sigurvinsson in einem offenen Brief die VfB-Fans auf, Ruhe zu bewahren.

Man kann Coordes vieles vorwerfen, doch an Durchhaltevermögen mangelte es ihm nicht; ebenso wenig der Chefetage des Vereins. In der heutigen Zeit wäre es wohl undenkbar, dass derartigem Druck von außen nicht nachgegeben würde und der Trainer im Amt bliebe. Der VfB riss sich tatsächlich zusammen, stand nach der Vorrunde auf Rang vier und auch nach 27 Spieltagen sogar auf dem dritten Platz. Was danach zu einem unglaublichen Absturz auf den zwölften Rang führte, ist aus heutiger Sicht sehr schwer nachzuvollziehen. Während unter Sammer in der Endphase 04/05 beispielsweise ein kollektives Versagen zum Verfehlen des CL-Platzes führte, hatten die sieben (!) Niederlagen unter Coordes teilweise recht unglücklichen Charakter.

Dennoch war der ehemalige Stuttgarter Verteidiger Coordes jetzt endgültig nicht mehr zu halten und wurde vor dem Südgipfel gegen seinen ehemaligen Arbeitgeber entlassen. Gegen die Bayern kamen übrigens nur noch knapp 40.000, so wenige wie niemals zuvor und danach nach dem Wiederaufstieg. Dies war natürlich dennoch die Rekordzahl dieser Saison, denn im Normalfall kamen weniger als 20.000 ins Neckarstadion und dokumentierten, dass das Prestige der Weiß-Roten auch in der eigenen Stadt zu dieser Zeit stark gesunken war.

Einzig die positive Entwicklung der ehemaligen »Blauen« Klinsmann und Buchwald bleibt als Lichtblick in Erinnerung. Klinsmann stieß mit 16 Toren in die Phalanx der erfolgreichsten Stürmer auf, Buchwald entwickelte immer mehr Übersicht, Autorität und Leader-Qualitäten. Zusammen mit dem ebenfalls zu den besten deutschen Verteidigern zählenden Günther Schäfer sorgte Buchwald dafür, dass der VfB so lange vorne mitmischen konnte.

In Erinnerung bleiben wird auch noch das DFB-Pokal-Aus in Krefeld. In der ersten Runde führte das Los den VfB zu Bayer Uerdingen, welches damals noch Hochkaräter wie Herget, Bommer, Kuntz und einen gewissen aufstrebenden Oliver Bierhoff besaß. Nach 36 Minuten lag der VfB 3:0 vorne, nach 120 Minuten durfte mit 4:6 n. V. die Heimreise angetreten werden. Zwar ist der Pokal per se »gesetzloser« als der Liga-Betrieb, doch auch dieses Ergebnis ist ein Indiz dafür, dass der Fußball zur damaligen Zeit unberechenbarer war als in der Neuzeit. Die Ausschläge, sowohl in positive als auch negative Extreme, war einfach ausgeprägter.

Hoch anzurechnen bleibt der VfB-Führung, dass sie noch während des Absturzes in den letzten Saisonwochen reagierte und mit einer offensiven Personalpolitik die Weichen dafür stellte, dass man schnell wieder den Anschluss schaffen sollte. Bereits direkt nach der Coordes-Entlassung wurde der neue Coach präsentiert.

Nachdem zunächst Pal Czernai und Entenmann die Favoriten waren, entschied sich der VfB für den Holländer Arie Haan. Dass Willi Entenmann ihm als Assistent zur Verfügung gestellt wurde, sorgte im Umfeld für Euphorie und die Chemie zwischen den beiden sollte sofort stimmen. Nachdem der abwanderungswillige Allgöwer (Marseille, Monaco) zum Bleiben bewegt werden konnte, ging der VfB Stuttgart im wahrsten Sinne des Wortes in die Offensive! Mit den beiden Waldhof-Stars Fritz Walter (zweitbester Torjäger hinter Uwe Rahn) und Maurizio Gaudino, dem Mittelfeld-Juwel, verpflichtete der VfB perspektivreiche Offensiv-Kräfte. Zudem kam mit Rainer Schütterle vom KSC ein Rechtsaußen, der die Tradition eines Walter Kelsch auf der rechten Seite wiederbeleben sollte.

Trotz eines im Endeffekt klaren Verfehlens seiner Ziele zeigte sich der VfB am Ende dieser Saison selbst neue Perspektiven auf. Die Lösung Arie

Haan zeigte zudem auf, dass man über die Bundesliga hinausschaute. Das Austauschen der Trainer innerhalb der Bundesliga war damals allerdings auch noch nicht in dem Maße vertreten wie heutzutage.

87/88: Arie Haan reißt alle mit

Die Sonne ging wieder auf über dem Neckartal. Nach einem Jahr der eiskalten Atmosphäre und Zwistigkeiten war die Haan-Ära von Beginn an geprägt von einer Herzlichkeit und positiven Grundstimmung, wie es sie beim VfB selten wieder gab.

Der smarte Vize-Weltmeister von 74 und 78 vereinnahmte die Presse sofort für sich, verstand mit Co-Trainer Entenmann sofort das »Inventar« des Vereins an sich zu binden und installierte mit Hermann Ohlicher eine Instanz des Vereins als Sportmanager. Ein Jahr, nachdem Coordes die sportliche Vormachtstellung in Stuttgart bezogen hatte, war wieder ein Teamwork festzustellen.

Der 6:0-Sieg gegen Gladbach am dritten Spieltag kam einer Wiedergeburt des Vereins gleich. Haan hatte mit seiner mitreißenden Art die Stuttgarter infiziert und 50.000 ließen bei herrlichem Wetter die jüngste Vergangenheit hinter sich. Vieles erinnerte an die Sundermann-Ära. So gelang dem Offensiv-Verfechter Haan generell eine Rückkehr zur typischen Stuttgarter Offensiv-Kultur. Obwohl Allgöwer nun endgültig Libero wurde und obwohl Sigurvinsson über weite Teile der Saison verletzt ausfiel, gelang es dem VfB immer wieder, das zum besten Angriff der Liga avancierende Duo Klinsmann/Walter in Szene zu setzten.

Der direkt im Talkessel (Botnang) aufgewachsene Klinsmann ergänzte sich perfekt mit dem ehemaligen Waldhöfer. Klinsmann ging mit seinen raumgreifenden Schritten weite Wege und der Ex-Mannheimer bewies in Gerd-Müller-Manier seinen Torinstinkt in direkter Tornähe. Am Ende hatten die beiden zusammen 35 (!) Treffer markiert, nur in Elber und Bobic sollte der VfB Stuttgart später noch einmal ein vergleichbares Duo besitzen. Auch Gaudino deutete bereits in dieser Saison an, dass er ein wichtiger Impulsgeber werden könnte, zumal die laufstarken Schröder, Zietsch und Jürgen Hartmann dem eleganten neuen Spielmacher den Rücken frei hielten. Dennoch wurde bei Gaudino speziell in der Anfangsphase aufgrund seiner hohen Ablösesumme immer mehr erwartet als von den meisten anderen.

Absolutes Highlight war der 3:0-Triumph im November 87, welcher den endgültigen Aufstieg Jürgen Klinsmanns zum deutschen Superstar darstellte. Vor den Augen von Teamchef Beckenbauer krönte er die berauschende VfB-Vorstellung mit dem »Tor des Jahres«, seinem unglaublichen Fallrückzieher nach vorangegangener direkter Stafette zwischen Sigurvinsson und Schäfer.

Einige der klassischen »Verhaltensweisen« des VfB gingen jedoch auch unter Arie Haan nicht verloren. Nach dem Vernaschen der Bayern setzte es ein 1:2 beim kleinen Nachbarn in Mannheim und kurz darauf geriet der neue Stuttgarter Erfolgsweg nach der 0:1-Heimniederlage gegen Nürnberg kurz in Gefahr. Doch Haan ließ erst gar keinen Pessimismus aufkommen und stärkte im Trainingslager in Costa Rica weiter den Teamgeist.

Als ein entscheidender Meilenstein in der weiteren Entwicklung ging der 30. Spieltag ein. Zunächst erklärte Karl Allgöwer nach erneuten wochenlangen Spekulationen seine Vertragsverlängerung, ehe er beim 5:1 über den HSV zwei Tore erzielte und der VfB damit wieder für den UEFA-Cup qualifiziert war. Arie Haan war es gelungen, den VfB Stuttgart an dieser Schnittstelle zur dauerhaften Mittelmäßigkeit sportlich zu liften und ihm generell wieder ein positives Image zu verleihen, auch wenn die 26.000, die im Schnitt kamen, noch keinen Quantensprung bedeuteten.

Während die Vorbereitungen auf eine weitere Verbesserung des Kaders auf Hochtouren liefen, sollte für drei VfB'ler die Sommerpause zum Ernstfall werden. Mit Eike Immel, Guido Buchwald und Jürgen Klinsmann standen eine stattliche Anzahl Stuttgarter in Beckenbauers EM-Kader im eigenen Land. Immel war zehn Jahre nach seinem kometenhaften Aufstieg alsTeenager im besten Fußballalter und hatte durch seine fantastische Saison die Illgner, Stein und Köpcke hinter sich gelassen. Buchwalds Kontinuität in den Leistungen wurde jetzt endlich belohnt, nachdem er von Beckenbauer 1986 in letzter Minute für Mexiko gestrichen worden war. Klinsmann hatte zunächst die Olympia-Mannschaft nach Seoul geschossen und stieg nun in rasender Geschwindigkeit in die A-Elf auf, war neben Völler erste Wahl im Angriff vor Mill und Eckstein. Alle drei Stuttgarter spielten dann auch in den ersten Partien gegen Italien (1:1) und Dänemark (2:0) über die volle Distanz, ehe sich Buchwald tragischerweise gegen Spanien (2:0) einen Bänderriss zuzog. Zuvor hatte Beckenbauer ihn nach einer Augenbrauenverletzung minutenlang behandeln lassen, was Guidos Standing im Team mittlerweile verdeutlichte. So erlebte Buchwald von außen mit, wie Hollands Superstar van Basten Keeper Immel in der 89. Minute in Hamburg umkurvte und »Oranje« ins Finale schoss.

Im Endeffekt war die EM 88 speziell für Klinsmann, der neben Matthäus zum besten deutschen Spieler gewählt wurde, der Durchbruch in neue Dimensionen.

88/89: Erst Maradona stoppt den VfB

Die zweite Saison unter Arie Haan sollte zur ereignisreichsten des VfB aller Zeiten werden, denn niemals zuvor oder danach war der Verein in allen Wettbewerben derart lange vertreten und mit aussichtsreichen Perspektiven versehen. Obwohl im Endeffekt kein Titel heraussprang, hatte man national wie auf europäischem Parkett für Furore gesorgt. Es gab Emotionen und unvergessliche Eindrücke en masse.

Schon im Vorfeld der Saison war ein Knistern zu verspüren, denn mit den Kickers gab es nach vielen Jahrzehnten erstmals wieder einen Widerpart in der eigenen Stadt zu registrieren. Beim 4:0 vor 68.000 wurden gleich am dritten Spieltag im Neckarstadion die Kräfteverhältnisse gerade gerückt.

Einen überragenden Eindruck hinterließ vom Start weg Srecko Katanec, der Defensiv-Allrounder von Partizan Belgrad. Taktisch und technisch hervorragend geschult, ging Katanec nach Sigurvinsson als bester ausländischer Transfer der Achtziger in die Geschichte ein und bildete mit Gaudino, Sigurvinsson und Hartmann das zu der Zeit wohl beste Mittelfeld der Liga. Auch in der Verteidigung mit der Dreierkette Allgöwer, Schäfer und Buchwald sowie mit dem altbewährten Sturm-Duo hatte Haan jetzt eine eminent stabile Elf geformt.

Welch attraktive Truppe der VfB nun wieder besaß, beweist auch die Tatsache, dass er auswärts in der Liga mehr Zuschauer anzog als Bayern München. In der Bundesliga gab es mit dem 4:3 bei Waldhof, dem 4:2 gegen den Hamburger SV, dem 3:3 gegen Bremen oder dem 3:3 in München (nach 3:1-Führung acht Minuten vor Schluss!) jedoch auch emotionale Momente in großer Zahl.

Noch größeres Renommee wurde dem VfB durch die spannungsgeladenen Auftritte im UEFA-Pokal zuteil. War das Weiterkommen gegen die Ungarn aus Tatabanya noch als Pflichtaufgabe zu werten, ging es in der Folge in den Hexenkesseln von Zagreb, Groningen, San Sebastian und Dresden hoch her. In klassischer Manier konterte man die Dribbelkönige von Partizan vor 40.000 mit 3:1 aus. Im holländischen Groningen konnten auch die Metallstangenwürfe gegen Eike Immel ein 3:1 nicht verhindern und auch im baskischen San Sebastian stand der Torwart im Blickpunkt, als er dem VfB im Elfmeterschießen das Halbfinale gegen Dresden sicherte. Zum zweiten Mal nach 79/80 traf der VfB auf die Elbstädter und vor 60.000 im Neckarstadion machte Karl Allgöwer den Final-Einzug gegen das Team um den jungen Matthias Sammer perfekt. Final-Gegner war der seinerzeit noch strahlende SSC Neapel mit seinen Top-Stars Maradona, Carnevale und Careca.

Der VfB gegen Maradona – eine unglaubliche Geschichte. Vor nicht allzu langer Zeit schien der VfB national im Mittelfeld zu versinken, und nun sollten Hunderte von Millionen TV-Zuschauer den Stuttgarter Tanz auf dem Vesuv erleben. Der Run auf Tickets für die beiden Spiele nahm Dimensionen an wie später nur noch einmal, beim Pokal-Finale gegen Cottbus.

Der VfB gab im feurigen San Paolo vor 83.000 eine tolle Visitenkarte ab, doch der alles andere als »deutsch eingestellte« griechische Schiedsrichter Germanakos und ein einziger Geistesblitz von Maradona auf Careca kurz vor Schluss ließen die 5.000 VfB-Fans ernüchtert zurück. Ausgerechnet Maurizio Gaudino hatte die Weiß-Roten in seiner Heimatstadt in Front geschossen. Das Rückspiel im Neckarstadion war ein Paradebeispiel für die Übermotiviertheit des VfB Stuttgart in Situationen, einen Rückstand aus dem Hinspiel egalisieren zu müssen. Siehe Split, Moskau oder Celtic Glasgow. Dennoch wandelte der VfB das

1:3 noch in ein Remis um, was zumindest beim neutralen weltweiten Betrachter gut ankam.

Neben der individuellen Klasse war es sicherlich in außerordentlichem Maße dem Teamgeist zu verdanken, dass der VfB speziell in diesem Mai 1989 der extremen Mehrfachbelastung trotzte. So fand zwischen den beiden internationalen Finals noch das DFB-Pokal-Halbfinale bei Borussia Dortmund statt, für welches man sich über Ottfingen, Bochum, Saarbrücken und Kaiserslautern qualifiziert hatte. Wie in Neapel gab es auch im Westfalenstadion ein heißes Gefecht. Nach 90 Minuten hatte man neben Gaudino und Schröder (Rote Karten) auch Berlin mit 0:2 aus den Augen verloren.

Trotz hervorragender Leistungen schien der VfB am Saisonende mit absolut leeren Händen dazustehen. Als sich abzeichnete, dass der VfB sich über die Pokal-Wettbewerbe nicht erneut für Europa wird qualifizieren können, kam den letzten Bundesliga-Spieltagen eine eminente Bedeutung zu. Zwischenzeitlich war die Haan-Elf von Platz zwei am 14. Spieltag ins obere Mittelfeld abgerutscht, doch vor allem das 4:3 in Mannheim nach einem Rückstand von 1:3 zwölf (!) Minuten vor Schluss unterstrich, dass alle wussten, worum es ging.

Das Ziel UEFA-Cup-Rang wurde erreicht. Der Verein hatte es geschafft, über Monate auf einem konstant hohen Level zu spielen und am Ende noch Moral zu zeigen. Speziell die Tatsache, dass alle Führungsspieler eine Top-Saison spielten, führte zu diesem Ergebnis. Immel steigerte sich gegenüber der Vorsaison nochmals und besaß nun auch die Aura eines National-Keepers. Allgöwer spielte einen überragenden Libero-Part und zeichnete vor allem für die wichtigen Tore verantwortlich. Buchwald war neben Kohler der beste Manndecker der Liga und Katanec wurde gleich in seiner ersten Saison zum besten Defensiv-Mann der gesamten Liga gewählt. Den größten Sprung zur Vorsaison machte aber Gaudino, der jetzt härter gegen sich selbst wurde und nicht nur seine künstlerischen Vorzüge in die Waagschale warf. Aber auch ein Jürgen Hartmann konnte nach dieser Saison nicht mehr weggedacht werden. Speziell sein Auftritt gegen Maradona sollte nachhaltig in Erinnerung bleiben. Klinsmann und Walter trafen weiter in gewohnter Manier, obwohl sie ihre Gesamttrefferzahl nun auf mehrere Wettbewerbe »verteilen« mussten.

Mit aller Macht hätte der Verein versuchen müssen, das Grundgerüst dieses Kaders zusammenzuhalten, um in der kommenden Saison auch national die Spitze direkt angreifen zu können!

Der VfB aber konnte den finanziellen Verlockungen nicht widerstehen. Ein Jürgen Klinsmann war mittlerweile derart ins Visier der europäischen Top-Vereine gerückt und signalisierte auch selbst seine Wechselbereitschaft, sodass hier nicht viel zu machen war. Nach »Hansi« Müller wechselte ein zweiter Star aus Cannstatt zu Inter Mailand.

Als sich aber auch die unglaublichen Gerüchte eines Wechsels von Srecko Katanec abzeichneten, hätte man bei der Wertigkeit des Defensiv-Cracks sofort abblocken müssen. Die knapp fünf Millionen Mark aus Genua waren damals eine stolze Summe, doch um Katanec herum war der Aufbau einer neuen Mannschaft geplant, zumal Leader wie Allgöwer und Sigurvinsson auch nicht ewig spielen würden.

Es war also vorgesehen, die Katanec-Rolle auf mehrere Schultern zu verteilen, doch wo waren überhaupt Alternativen für einen solchen Klasse-Spieler?

89/90: Auch Haan kann sich nicht halten

Warum war die »Haltbarkeitszeit« von Trainern ausgerechnet im auf Beständigkeit ausgerichteten Stuttgart so kurz?

Nach zwei erfolgreichen und umjubelten Jahren hielt es vor Saisonbeginn niemand für möglich, dass auch Arie Haan die magische Grenze von drei Jahren VfB-Trainer nicht erreichen sollte. Die Gründe für den »Fliegenden Holländer« waren im Endeffekt darin zu finden, dass es dem Verein doch nicht gelang, die eminent wichtigen weggefallenen Eckpfeiler zu ersetzen. Die Fluktuation war einfach zu groß, um die erfolgreich begonnene Arbeit weiterzuführen.

Neben Klinsmann und Katanec kehrten auch Zietsch, Schütterle und Schröder dem Wasen den Rücken. Für Klinsmann holte der VfB gleich eine Armada an Stürmern. Mit Kastl (Leverkusen), Rasmussen (Aalborg) und Hotic (Kickers) sollte Klasse mit Masse ersetzt werden, nachdem die Transfers mit den sicher höher einzuschätzenden Waas und Kohr zuvor gescheitert waren. Zumindest die Verpflichtungen von Frontzeck und des Argentiniers Basualdo versprachen eine Qualitätssteigerung auf der verwaisten linken Seite und für die Kreativität im Mittelfeld.

Der VfB Stuttgart schien dadurch zunächst tatsächlich in der Breite stärker geworden. Talente wie Nils Schmäler und Strehmel stellten hoffnungsvolle Alternativen für den Abwehrbereich dar und auch von einem »Jahrzehnttalent« wie Gerhard Poschner wurde nach den langen Verletzungspausen nun ein Sprung nach vorne erwartet. Dazu die Neuen und die altgedienten Stars, vieles sprach dafür, dass trotz des Verlustes von Klinsmann und Katanec der Angriff auf die nationale Spitze (Köln, Bayern) hätte gestartet werden können.

Es kam anders. Insgesamt konnte das Niveau des Vorjahres nicht gehalten werden, obwohl die Konsequenzen dafür teilweise erst spät zum Vorschein kamen. Während die grandiose Vorjahres-Erfolgsstory im UEFA-Cup diesmal, nach Siegen über Rotterdam und Leningrad, gegen Antwerpen (mit Nico Claesen) ein frühes Ende fand, konnten die Schwächen national lange Zeit kaschiert werden. Nach dem Begeisterungsstürme auslösenden 3:0 im DFB-Pokal über die Bayern im Oktober war erst im März im Viertelfinale in Bremen Endstation. Die fahrige Leistung im Weserstadion hatte jedoch Symbolcharakter für weitere Vorstellungen in der Bundesliga.

Bereits in der Vorrunde hatte es Aussetzer in Bochum (0:2), Düsseldorf (2:4), Bremen (1:6), Homburg (2:4) und Mannheim (1:2) gegeben. Nach weiteren Pleiten in der Rückrunde mit dem 1:5 in Frankfurt und dem 1:4 in Uerdingen war Mayer-Vorfelder nicht mehr bereit, Haan zu halten. Der Holländer zeigte sich von der kurzen Mitteilung überrascht, zu sehr hatte er sich noch einen Bonus von der Vorsaison erhofft. Zudem belegte der VfB zu diesem Zeitpunkt trotz des 0:1 gegen Kaiserslautern immer noch einen UEFA-Cup-Rang. Doch ebenso wie in der Männerfreundschaft zwischen Präsident und Trainer waren nun auch im Mannschaftsgebilde Risse entstanden.

Vor allem die Neuzugänge konnten in keiner Weise in das Team integriert werden und an die Klasse ihrer Vorgänger anknüpfen. Hotic, Kastl und Rasmussen waren halt Lichtjahre von der Klasse eines Klinsmann entfernt und erzielten zusammen vier (!) Treffer. Ohne die 13 Tore eines Fritz Walter hätte es hier ganz böse ausgesehen. Basualdo und Poschner waren zwar begnadete Techniker mit der Fähigkeit, den tödlichen Pass zu spielen, doch ein Spiel zu lesen und dies konkret umzusetzen, an diese Stärke Katanecs reichten sie nicht heran. So war speziell im Mittelfeld die Aufgabenverteilung nicht so konkret wie in der Vorsaison. Das zuvor exzellent funktionierende Ineinandergreifen der Mannschaftsteile war so nicht mehr gegeben und führte zu einer Überlastung der Verteidigung. Auch ein Top-Verteidiger wie Günther Schäfer zeigte hier plötzlich Nerven. Vor allem auswärts war von dem ehemaligen Team-Spirit oft nichts mehr zu sehen, was sich in den hohen Niederlagen widerspiegelte.

Mit der erneuten Beförderung von Willi Entenmann zum Chef-Trainer versuchte der VfB wie drei Jahre zuvor im letzten Saisonviertel die Schäfchen noch ins Trockene zu bringen, doch das Gegenteil war der Fall. Man fiel auf den sechsten Rang zurück und war erstmals noch vier Jahren nicht europäisch vertreten.

Einen internationalen »Touch« verlor der VfB auch durch den Verlust von Asgeir Sigurvinsson. Sicherlich war der introvertierte Isländer der schillerndste Spielmacher der Bundesliga in den achtziger Jahren. Die Perfektion, mit der er reihenweise seine diagonalen 50-Meter-Pässe durch die Weiten des Neckarstadions schlug, war einmalig. Mit »Sigis« Ende beim VfB sollte überhaupt das Ende der klassischen Spielmacher eingeläutet werden, sollte dem Kurzpassspiel in Zukunft eine größere Bedeutung zukommen.

Traditionell wurde beim VfB Stuttgart auf viele offene Fragen in den Phasen eines Einbruchs jedoch mit erstaunlicher Schnelligkeit reagiert. Bereits im Winter wurde Ex-Mittelstürmer Dieter Hoeneß als Manager verpflichtet. Der intelligente Ulmer sollte nun zusammen mit Willi Entenmann, dem man trotz des verpassten europäischen Wettbewerbes vertraute, das VfB-Schiff wieder flottmachen. Vor allem in der »Sigurvinsson«-Frage fand man überraschende Antworten.

Arie Haan übrigens entwickelte sich nach seiner anschließenden Nürnberger Zeit zu einem Weltenbummler in Sachen Fußball. Lüttich, Saloniki, Rotterdam, Anderlecht, Nikosia, Wien und China waren die weiteren Stationen für den Holländer, der aber immer auch mal wieder gerne am Wasen vorbeischaute.

Einen positiven Abschluss dieses unbefriedigenden Jahres gab es aus Stuttgarter Sicht bei der WM in Italien. Mit Ex-VfB'ler Klinsmann, Buchwald und Basualdo auf Seite der Argentinier standen drei Akteure beim Römer Finale auf dem Platz, die in Verbindung mit dem VfB Stuttgart standen. Ein bis heute einmaliger Vorgang.

90/91: Daum mischt alles auf

Diese Saison stand stellvertretend dafür, dass der VfB Stuttgart den Erfolg zwar nie lange konservieren konnte, sich jedoch auf der anderen Seite nach Krisenzeiten äußerst schnell wieder an die Spitze heranarbeitete. Ähnlich wie im ersten Jahr unter Benthaus sollte auch dieses ein Übergangsjahr mit der Wende zum Positiven werden.

Größte Priorität für das Duo Entenmann/Hoeneß besaß natürlich die Neugestaltung des Mittelfeldes, denn nach Sigurvinsson hatte auch Gerhard Poschner den Verein in Richtung Dortmund verlassen. Eigentlich war man immer davon ausgegangen, dass das Riesentalent den Isländer einmal beerben würde. Mit Gaudino und Basualdo hatte der VfB in der Spielmacher-Position dennoch immer noch zwei Hochkaräter. Allerdings war der argentinische Filigran-Techniker, ähnlich wie vor Jahren Didier Six, sehr unberechenbar. In südamerikanischer Manier bewegte er sich langsam tänzelnd über den Rasen, »streichelte« das Leder regelrecht und spielte geniale Außenrist-Pässe aus dem Fußgelenk heraus. Auf der anderen Seite war ein explosives und zielgerichtetes Aufbauspiel in die Spitze mit ihm nicht machbar. Handlungsbedarf bestand also durchaus.

In Zeiten der Wiedervereinigung hatte sich der Spielermarkt vergrößert, und beim VfB erinnerte man sich an die Europapokal-Nächte der vorletzten Saison, als der junge Dresdner Matthias Sammer vor allem im Neckarstadion durch seine strategische und intelligente Spielweise für Aufsehen gesorgt hatte.

Mit dem Duo Sammer/Gaudino hatte der VfB Stuttgart tatsächlich wieder zwei Mittelfeldstrategen gefunden, die wie Sigurvinsson und Allgöwer Dynamik und Eleganz miteinander verbanden. Zudem wurde durch die Verpflichtung des Münchner Dribbelkönigs Kögl auf der linken Seite ein erneuter Versuch unternommen, »Schorsch« Volkerts »Erbe« hier langfristig zu besetzen. Aus den verschiedensten Gründen hatten die Six, Corneliusson, Claessen und Pasic hier nur eine kurzzeitige Verweildauer. Kögl und der immer stärker werdende Frontzeck versprachen hier einiges.

Der VfB und speziell die Neuzugänge hatten einen Blitzstart mit dem 3:0 beim BVB und dem 4:0 gegen Berlin. Willi Entenmann schien seinen vor vier Jahren eingeschlagenen Weg als erfolgreiche Interimslösung zu einem Dauerzustand ausbauen zu wollen – und war nach 14 Spieltagen nicht mehr VfB-Trainer! Nach zehn sieglosen Spielen, darunter das 1:4 gegen den Provinzclub Wattenscheid, gab das VfB-Urgestein nach dem 0:2 in Gladbach entnervt auf.

Zu diesem Zeitpunkt war es sicherlich eine instinktive Entscheidung, denn speziell ein Willi Entenmann als Insider des Vereins wusste genau, dass das Erreichen eines europäischen Wettbewerbes in diesen Jahren lebensnotwendig für den VfB Stuttgart sein würde. Als VfB'ler durch und durch stellte er persönliche Interessen hintan und machte Platz für einen Neuanfang. Dennoch hatte man nach diesen Ereignissen und seiner späteren ungerechtfertigten Entlassung in Nürnberg (nach einem Sieg über die Bayern!) den Eindruck, Entenmann wolle zu seinen Wurzeln zurückkehren. Bei unterklassigen Vereinen wie Unterhaching, den VfB-Amateuren oder Aalen ließ es sich ohne den ganz großen Druck arbeiten und das Augenmerk konnte mehr auf die Ausbildung von jungen Spielern gelegt werden.

Beim VfB begann also wieder eine neue Ära. Mit Christoph Daum holte sich der VfB das Entfant terrible der damaligen Zeit ins (rote) Haus. Der gebürtige Zwickauer konnte Feuer spucken wie kein Zweiter, was er in den Rededuellen mit seinem damaligen Münchner Widerpart Jupp Heynckes zur Genüge dokumentiert hatte. Andererseits hatte der ehemalige Kölner Co-Trainer ab 1986 eine der eindrucksvollsten Trainer-Karrieren der Bundesliga-Geschichte hingelegt und die »Geißböcke« zu zwei Vizemeisterschaften geführt. Umso erstaunlicher kam seine Entlassung während der Weltmeisterschaft 1990 in Italien.

Da VfB-Präsident Mayer-Vorfelder einen starken Mann installieren wollte, der der wachsenden Medienwelt gewachsenen war, gab es zu Christoph Daum eigentlich keine Alternative, zumal der neue Coach selbst hoch interessiert war, im VfB Stuttgart einen »schlafenden Riesen« sah.

Gleich die erste Partie, ausgerechnet gegen Daums Kölner, sollte ein gutes Beispiel dafür sein, inwieweit dieser Trainer das gesamte Umfeld eines Vereins auf eine Aufgabe einschwören kann. Mit Hilfe der Presse versuchte Daum die Stuttgarter zu bewegen, ins Stadion zu kommen, und erzeugte annähernd eine Endspielstimmung. Selten war um eine Bundesliga-Begegnung derart viel in Bewegung geraten wie vor dieser im November 1990.

Und Daum muss die Spieler erreicht haben. Nach einem 0:2-Rückstand brachen im positiven Sinne alle Dämme und fast automatisch wurden die Kölner überrollt. Fast hatte man den Eindruck, die Spieler fühlten sich durch Daums Reden im Vorfeld plötzlich unbesiegbar. Besonders der 3:2-Siegtreffer vermittelte einem ein Gefühl von Freiheit, wie es ganz selten im berechenbaren Profi-Sport vorkommt. Über Rechtsaußen zog ein gewisser Andreas Buck pfeilschnell allen davon und seine Flanke verschwand zunächst im Flutlichtschein des Neckarstadions, ehe Allgöwer das Leder wieder auftauchen sah und aus kurzer Distanz einnetzte. Mit der Entdeckung Andy Bucks sollte ein Revival des rechten Außenstürmers beim VfB Stuttgart eingeläutet werden. Gleichzeitig bedeutet dies das Ende von Basualdo beim VfB, der in Daums Offensiv-Konzept keinen Platz mehr fand.

Daum ließ ein aggressives Forechecking spielen und hatte mit der Flügelzange Kögl und Buck sowie den immer wieder in die Spitze vorstoßenden Sammer und Gaudino sowie Mittelstürmer Fritz Walter allein schon mehrere offensive Cracks, die den Gegner in dessen Hälfte banden.

Stellvertretend für die neu erwachte Lust am Stuttgarter Offensiv-Spiel standen Fritz Walter mit abermals zwölf Toren und Matthias Sammer mit elf in seiner ersten Bundesligasaison. Noch frappierender war allerdings, dass Sammer in taktischer Hinsicht nicht die geringsten Anpassungsprobleme in einer der stärksten Ligen der Welt hatte. Er lenkte das Spiel souverän und gab die richtigen Tempowechsel zu den richtigen Zeitpunkten vor. Wie schon bei Sigurvinsson acht Jahre zuvor hatte der VfB die entscheidendste Position innerhalb des Teams mit dem besten Mann ausgefüllt.

Die Duelle mit dem 1. FC Köln sollten in der beginnenden Daum-Ära weitergehen und für weitere Entscheidungen sorgen. Am Ostersamstag des Jahres 1991 trafen Vergangenheit und Gegenwart des Trainers in Köln-Müngersdorf im DFB-Pokal aufeinander. 4000 Schwaben mussten mit ansehen, wie ihr überlegenes Team in der 110. Minute den Knock-out hinnehmen musste. Am drittletzten Spieltag nahm der VfB jedoch Revanche und erteilte den Kölner mit dem 6:1 ebenso eine Offensiv-Demonstration wie der Dortmunder Borussia zum Rückrundenauftakt mit dem 7:0, als kurzzeitig der Stern eines Jolly Sverisson aufging.

Nach Abpfiff der 28. Bundesligasaison hatte der VfB zum zehnten Mal in den 14 Jahren nach dem Wiederaufstieg den europäischen Wettbewerb erreicht.

Daums erste Mission war erfüllt. Die Frage war jetzt, ob die Euphorie, die zweifellos mit den rhetorischen und motivierenden Fähigkeiten des Trainers in Verbindung stand, auch über einen längeren Zeitraum aufrechterhalten werden könnte. In diesem Zusammenhang war auch das hervorragende Teamwork zwischen Christoph Daum und Manager Dieter Hoeneß wichtig. Der Manager entlastete den Trainer stark und sorgte dafür, dass dieser sich durch seine intensive Art nicht zu schnell verbrauchte.

Herzbluten und Kopfzerbrechen bereitete allerdings nicht nur ihnen, dass Karl Allgöwer nach elf Jahren am Wasen seine Karriere beendete. Die meisten, welche die Galionsfigur bei seiner Ehrenrunde im Neckarstadion wehmütig verabschiedeten, waren wohl der Meinung, dass der »Karle« ohne Probleme noch länger auf hohem Niveau hätte spielen können, zumal er mittlerweile einen sehr rationellen Stil entwickelt hatte.

Innerhalb eines Jahres hatte der VfB mit Sigurvinsson und Allgöwer also die entscheidenden Köpfe einer ganzen Dekade verloren. Über die Organisation des Mittelfeldes musste neu entschieden werden.

91/92: Der Meister aus dem Windschatten

Es gibt im Fußball Momente, die in ihrer Komprimiertheit derart komplex sind, dass man ihre Bedeutung und Tragweite erst viel später wahrnimmt. Zu jenen Momenten zählt Guido Buchwalds Kopfballtreffer im Leverkusener Haberland-Stadion, welcher den VfB Stuttgart 1992 zum vierten Meistertitel führte!

Der chaotische Spielverlauf, die zunächst hoffnungslose zwischenzeitliche Ausgangssituation gegenüber der Eintracht und dem BVB und dann diese eine endlose Flanke von »Wiggerl Kögl« auf den in der Luft liegenden Buchwald – in einer einzigen Sekunde werden Träume wahr, auf die man als Fan jahrelang hinarbeitet.

Die Komplexität dieser Sekunde wurde auch dadurch noch erschwert, dass der VfB auch in diesem Moment noch von dem Ergebnis der Frankfurter abhängig war. Als diese in Rostock keinen Elfmeter erhielten und Hansa kurz darauf das 2:1 machte, beendeten die VfB-Fans die unglaubliche Dramaturgie einfach, in dem sie den Rasen stürmten.

Was ging diesem atemberaubenden Finish voraus? Was ließ den VfB Stuttgart zum Champion werden, welcher aus dem »Nichts« kam? Was ließ nach Kaiserslautern im Vorjahr erneut einen Club Meister werden, der aus dem Mittelfeld vorstieß?

Zunächst hatte Christoph Daum eine Elf geformt, die durch ihre eindeutigen Konturen und klaren Aufgabenverteilungen bestach und in der sowohl die Neuzugänge als auch die Aufsteiger der Vorsaison erstaunliche Entwicklungen nahmen. Mit Slobodan Dubajic war ein Allgöwer-Nachfolger gefunden worden, der sich in bestechender Manier und Geschwindigkeit zum souveränsten Libero der Bundesliga entwickelte. Fehlende Grundschnelligkeit glich der Jugoslawe mit dem Auge und erstklassigem Timing aus. An Dubajics Seite entwickelte sich Uwe Schneider zum Aufsteiger unter den deutschen Manndeckern. Erinnerungen an den jungen Günther Schäfer kamen auf.

Einen großen Sprung nach vorne machten auch Andy Buck und Michael Frontzeck, der seine Rolle immer offensiver interpretierte. Das starke zentrale Mittelfeld um Sammer, Gaudino und Buchwald besaß nun wieder mehr Möglichkeiten, die Flügel in das Angriffsspiel mit einzubeziehen. Immer wieder profitierte Fritz Walter vom Fünfer-Mittelfeld und holte sich mit 32 Jahren die Torjägerkanone, als viele seinen Zenit schon überschritten sahen. Die Achse Daum-Dubajic-Sammer-Walter war wohl neben dem extrem ausgebildeten Teamgeist hauptentscheidend für den Triumph.

Wie bei Benthaus war auch unter Daum eine Abkehr vom Hurra-Stil des Vorjahres erfolgt. Die strategischen Fähigkeiten von Dubajic, Buchwald und Sammer führten zu einer überlegten und rationellen Spielweise, ohne dass man den Frankfurter und Dortmunder Sympathisanten Recht geben konnte, die dem VfB allzu viel Nüchternheit vorwarfen. Natürlich lebte man von seiner hervorragenden Organisation, doch in puncto fußballerische Schmankerl waren die drei Konkurrenten auf Augenhöhe.

Bereits nach Ende der Vorrunde kristallisierte sich heraus, dass sich eine außergewöhnliche Saison entwickeln sollte, denn nur noch Ex-Meister FCK konnte dem Trio folgen. Bremen, München und Köln sollten überhaupt keine Rolle spielen und rutschten immer weiter ab. Exemplarisch für diesen sportlichen Bergrutsch war auch das 3:2 des VfB im Oktober gegen die Bayern, welches für Stefan Effenberg zum Spießrutenlauf wurde. Der Sieg im Südderby kam zur rechten Zeit, denn zuvor gab es im direkten Duell gegen die Eintracht (1:2) und in Nürnberg (3:4) eine kleine Schwächeperiode.

In der Rückrunde entwickelte sich ein dramatischer Showdown. Die drei Traditionsvereine pushten sich gegenseitig zu Höchstleistungen, und Daum gelang es immer mehr, jeder Partie einen finalen Charakter einzuhauchen. So gab es in den letzten 17 Partien mit dem 0:2 in Rostock und dem 0:1 in München nur noch zwei Niederlagen.

Absolute Meilensteine auf dem Weg zum Titel stellten die Heimspiele gegen Nürnberg, Dortmund und die Kickers dar, in denen vor allem Matthias Sammer in unnachahmlicher Weise seine Extraklasse demonstrierte.

11. April 1992: Nach einem 1:1 beim direkten Konkurrenten Frankfurt kurbelt Sammer vor 50.000 im Neckarstadion gegen Nürnberg bei strahlendem Sonnenschein das Stuttgarter Spiel unermüdlich an und markierte beim 2:0 beide Treffer. Vor allem der zweite Treffer, ein unglaublicher Linksschuss aus vollem Lauf in den Winkel, sprach für seine Willensstärke, die der ehemalige Dresdner auch auf die gesamte Elf übertragen konnte.

25. April 1992: Der fulminante 4:2-Sieg gegen Tabellenführer Dortmund sollte das Mosaiksteinchen der Mission Meisterschaft werden. 68.000 sahen nach einer wahren Fußball-Demonstration der Borussen in der ersten Halbzeit die Hoffnungen des VfB am Horizont verschwinden. Die Raffinesse Fritz Walters, ein nicht gegebenes Tor von Schulz und ein Eigentor Helmers brachten den VfB zurück in die Spur, und Gaudinos Alleingang zum 4:2 steht in der Hitliste der unvergessenen Tore ganz oben. In diesem direkten Duell zeichnete sich abermals ab, dass die Daum-Elf von der mentalen Stärke her gegenüber den Hessen und Westfalen im Vorteil lag.

2. Mai 1992: In Stuttgart streikte der öffentliche Dienst – und wohl auch die Fans. Wie ist es sonst zu erklären, dass zum Stadtderby gegen die »Blauen« ganze 36.000 kamen, obwohl für beide Kontrahenten alles auf dem Spiel stand? Die Kickers sahen im Lokalfight eine der letzten Möglichkeiten, dem Abstieg zu entkommen, die »Gast-Elf« aus Bad Cannstatt war nun zum Gejagten im Meisterschafts-Endspurt geworden.

Niemals zuvor habe ich ein Match gesehen, dem ein einziger Akteur derart seinen Stempel aufdrückte. 70 Minuten bekam der VfB kein Bein auf den Boden, gaben die Degerlocher mit ihren pfeilschnellen Moutas und Marin die »Roten« fast der Lächerlichkeit preis. Bis es dem Heißsporn Sammer zu bunt wurde. Sammer forderte jeden Ball, schoss aus allen Lagen und führte den VfB in den letzten 13 Minuten noch zum 3:1. Im unbändigen Glauben an das Erreichbare hatte Daum in Sammer seine Entsprechung gefunden.

Für den Teamgeist und das Durchhaltevermögen sprach auch, dass Fritz Walter trotz einer Magenverstimmung auflief. Nach seinem 3:1 in der letzten Minute brach er vor dem A-Block zusammen, war aber am nächsten Tag wieder wohlauf. Das große Ziel und die Chance, Tor-schützenkönig zu werden, mobilisierte im Mittelstürmer letzte Kraft-reserven. Fritz Walter sollte beide Ziele erreichen, was nach so vielen Jahren Abstand eigentlich an Erstaunlichkeit zunimmt. Zu ungünstig schienen vor dem letzten Spieltag die diversen Konstellationen zu sein, zu ungünstig begann das Finale in Leverkusen.

Während VfB-Gegner Leverkusen noch große Chancen besaß, in den UEFA-Cup zu kommen, waren die Garantien des Nicht-Abstieges für Duisburg und Rostock, die Gegner von BVB und Eintracht, selbst bei Siegen nicht gegeben. Der Schock des Handelfmeters gegen den VfB, diverse Bayer-Chancen auch nach Fritz Walters Ausgleich, die Rettungsaktion von Günther Schäfer, die Rote Karte von Sammer in der Endphase – nichts schien dazu zu führen, dass sich die Fußballgötter vom VfB abwendeten!

Für langjährige Bundesliga-Spieler wie Immel, Buchwald, Schäfer oder Walter war der Höhepunkt ihrer Karriere erreicht, Bundesliga-Neulinge wie Dubajic, Buck und Uwe Schneider wähnten sich im siebten Himmel. Auch Bundestrainer Vogts würdigte die Stuttgarter Leistungen und nominierte Sammer, Buchwald und Frontzeck in den EM-Kader für Schweden.

Der VfB war wieder oben, konnte erstmals nach acht Jahren wieder durchschnittlich über 30.000 im Neckarstadion begrüßen (34.000) – und verpasste wieder, den nächsten Schritt zu machen! Der Verkauf des absoluten Erfolgsgaranten Matthias Sammer nach Mailand sollte den eingeschlagenen Erfolgsweg, im Nachhinein gesehen, auf Jahre abbrechen lassen und später für den steilen Dortmunder Aufstieg bis zum Weltpokal sorgen.

Wie konnte man die Antriebsfeder der Meister-Elf herschenken? Viele verstanden aber auch den so bodenständigen Sachsen nicht, Stuttgart bereits nach zwei Jahren zu verlassen, zumal die Champions League hier doch auch vor der Tür stand. Sammer und Inter war dann auch von Beginn an ein Missverständnis, eine Rückkehr zum VfB scheiterte jedoch aus Gründen, die sich aus dem Verlauf der kommenden Saison herausbilden sollten.

Noch einmal: Vor allem aus dem Kontext dieser Meistersaison heraus wurde eine historische Chance verpasst, sich vielleicht dauerhaft ganz oben zu etablieren. Es war ungewiss, ob die stark eingebrochenen Münchner, Kölner und Bremer wieder zu alter Stärke zurückfinden würden, und mit der Champions League und dem nun beginnenden

Stadionumbau waren zwar auch Risiken verbunden, in erster Linie aber neue Möglichkeiten. Und in diesem Zusammenhang war der Verkauf von Sammer ein ebenso falsches Signal wie jener von Katanec drei Jahre zuvor.

92/93: War Leeds absehbar?

Das Desaster von der Ellen Road hat bis heute etwas Unheimliches und Irrationales an sich, denn niemand bekam es ja direkt mit.

Es gab keine Liveübertragung im Fernsehen, und während der Radioreportage war von einem Wechselfehler noch nicht die Rede. Auch in Mannschaftskreisen gab es erste Gerüchte erst auf dem Rückflug, doch schnell wurde aus diesen knallharte Wirklichkeit.

Wohl jeder VfB-Anhänger wird sich auch über ein Jahrzehnt danach noch an den Ort erinnern, wo er sich befand, als der teuerste Rechenfehler in der Geschichte des Fußballs in den Morgenstunden des nächsten Tages langsam durchsickerte und Wirklichkeit wurde.

Man kann in Leeds ein in dieser Größenordnung einmalig tragisches Erlebnis sehen, welches immer im Bereich des Möglichen lag und als Ersten halt den VfB Stuttgart erwischte. Ich für meinen Teil betrachte die Ereignisse im Nordosten Englands als fast logische Entwicklung der vorangegangenen turbulenten Monate der Ära Daum. Der VfB nahm in dieser Zeit eine rasante Entwicklung vom krisengeschüttelten Club über den UEFA-Cup bis hin zum Titel. Der Club, von Daum und dem ehrgeizigen Hoeneß immer wieder angetrieben, stand unter permanentem Siegesdruck, überholte sich fast selbst und verlor in Leeds dann die Kontrolle. Die monatelange Aufbauarbeit geriet in diesen hektischen letzten sieben Minuten in Gefahr und ließ die

Verantwortlichen zum ungünstigsten Zeitpunkt das erste Mal den Überblick verlieren.

Auch die tragische Figur des »Hauptdarstellers«, Jovica Simanic, ist zu einem Mysterium geworden. Wie von einem fremden Stern geschickt, betrat der zuvor nie in Erscheinung getretene Jugoslawe den Rasen, um nach dem 3:0 im Neckarstadion wenigstens das 1:4 zu »sichern«. Jeder andere hätte für Gaudino kommen dürfen, nur nicht Simanic! Aber der klein gewachsene Golke schien für Daum ungeeignet, um die Lufthoheit gegen die United-Spieler abzusichern. Dass Simanic tatsächlich einige brandgefährliche Situationen in der kurzen Zeit entschärfte, lässt das Ganze noch bitterer erscheinen. Die sieben Minuten dieser Europapokalnacht bedeuteten für ihn dann auch das Ende seiner Profi-Zeit am Wasen, denn obwohl ihm niemand direkt einen Vorwurf machen konnte, war er das Synonym für das vorläufige Scheiterns des Vereins in eine neue, erfolgreiche Epoche geworden.

Eine Epoche, die auch deshalb nicht eintreten konnte, weil der VfB auch das Geschenk der UEFA in Form eines Entscheidungsspiels nicht annahm. Jenes 1:2 gegen Leeds in Barcelona war wohl nur deswegen zustande gekommen, weil es sich hier um einen Bundesligaclub mit einem schwergewichtigen Präsidenten handelte. Ein isländischer oder zypriotischer Verein hätte diese zweite Chance wohl nicht erhalten.

Hoch anzurechnen ist den Hauptverantwortlichen des Millionen-Irrtums, dass sie sich im Anschluss nicht mit Schuldzuweisungen überschütteten. Zumindest nicht offensichtlich und öffentlich. Auch Präsident Mayer-Vorfelder verwies auf die vorangegangenen Erfolge und wies den Blick nach vorne. Dennoch sollte das selbst verschuldete Verpassen der Champions League einen Einschnitt bedeuten, waren die psychologischen Auswirkungen auf die Bundesliga unübersehbar. Nach dem monatelangen Heranarbeiten an die ganz große Welt dieses

Sports hatte der Liga-Alltag nach diesen Geschehnissen wohl an Reiz eingebüßt – dies konnte man nicht leugnen und verhindern!

Bis zum Ausscheiden war der Meister mit Ausnahme des 0:4 in Leverkusen souverän in die ersten Spieltage der Saison gestartet. Nach Leeds wirkte das gesamte Team angeschlagen und vor allem der defensive Verbund bekam Risse. Die Dubajic & Co. waren permanent überlastet, da die Stabilität nach Sammers Abgang schon im Mittelfeld nicht gegeben war. Das Stuttgarter Mittelfeld im Jahr 1 nach Sammer hatte zwar mit Strunz und Golke passable Mitstreiter erhalten, doch diese konnten ihn in Sachen Organisation und Teamführung in keiner Weise ersetzten.

So setzte ab Mitte der ersten Saisonhälfte ein Schlingerkurs ein, da jeder zu sehr mit sich selbst beschäftigt war. Direkte Niederlagen gegen die vermeintliche Konkurrenz (0:4 in Frankfurt, 2:3 gegen München) ließen den VfB entscheidend zurückfallen, und nicht nur der Umbau des Neckarstadions vermittelte einem das Gefühl, dass aus dem Meister ein fragiles Gebilde geworden war.

Dennoch war der Kader insgesamt mindestens in UEFA-Cup-Nähe zu sehen, zumal mit dem Schweizer Stürmer Adrian Knup ein adäquater Nebenmann für Fritz Walter gefunden worden war (zusammen sollten die beiden 23 Tore machen).

So sollte die Winterpause in erster Linie der seelischen Regeneration dienen und noch einmal ein Angriff auf die vorderen Plätze gestartet werden, was bei der Gehaltsstruktur der Mannschaft auch unumgänglich war. Doch wieder hatte der VfB sein negatives Schlüsselerlebnis, was alle Vorhaben im Keime erstickte. Am 19. Spieltag verspielte man eine 2:0-Führung im Nürnberger Frankenstadion, wobei ausgerechnet das kurz zuvor transferierte VfB-Talent Jürgen Kramny zwei Tore der

»Clubberer« markierte. Dieses Erlebnis war zu viel. Es folgten ein 0:3 gegen Leverkusen, das Last-Minute-1:2 gegen Uerdingen zum 100-jährigen Vereinsjubiläum und ein 3:5 in München. Auch das überzeugende 4:0 bei Borussia Dortmund konnte nicht mehr verhindern, dass anstelle des VfB Stuttgart ausgerechnet der badische Rivale aus Karlsruhe in den UEFA-Cup einzog.

Neben dem Leeds-Desaster war dieser Vorgang die eigentliche Schmach dieser Zeit. Lediglich durch zwei aufeinander folgende Pokalsiege Mitte der fünfziger Jahre gelang es den Karlsruhern, etwas aus dem Schatten des württembergischen Rivalen herauszutreten. Nun hatte sich die durch ihr aggressives Spiel auftrumpfende Schäfer-Herde tatsächlich das erste Mal in der Bundesliga-Historie (ausgenommen die zwei VfB-Jahre in der zweiten Liga) vor die Cannstatter gesetzt. Es ging für den VfB also nicht nur darum, verloren gegangenen Boden auf die Spitzengruppe der Liga wettzumachen, sondern neu entstandene Konkurrenz in der Nachbarschaft abzuwehren, zumal mit dem Sport-Club Freiburg im Süden des Landes ein weiterer Emporkömmling Einzug in die Bundesliga hielt.

Zumindest wurden früh dahingehend Zeichen gesetzt, dass der Verein Daum und Hoeneß weiter das Vertrauen aussprach und die beiden noch den Ehrgeiz besaßen, das schlingernde Schiff wieder flottzukriegen.

Verzichten mussten sie in Zukunft auf Maurizio Gaudino, der nach sechs Jahren VfB in Frankfurt die besseren Perspektiven sah. Wie im Falle Sigurvinsson und Allgöwer hatte der VfB Stuttgart also auch mit Sammer und Gaudino binnen eines Jahres sein Herzstück verloren. Sportlich ein großer Verlust, aufgrund der fehlenden europäischen Einnahmen jedoch auch unumgänglich, obwohl immerhin durchschnittlich 27.000 Fans den Verein hier noch recht gut dastehen ließen.

93/94 Neues VfB-Gefühl, alter Tabellenplatz

Ein Jahr lang hatten die VfB-Anhänger mit großen Augen gen Himmel geschaut und überlegt, welche Funktion die mammutbaumhohen Pylone bei der Neugestaltung des Neckarstadions haben könnten.

Schon bei der stimmungsvollen Leichtathletik-Weltmeisterschaft im Sommer 1993 sah man das Ergebnis. Die größte Zellmembran-Konstruktion Europas umspannte jetzt, architektonisch sehr elegant, das ehemalige Neckarstadion und ließ es zum Gottlieb-Daimler-Stadion werden. Doch nicht nur die imposante Konstruktion, sondern auch die dadurch entstandene verbesserte Atmosphäre im weiten Rund verliehen dem gesamten Verein ein neues Gefühl.

Wermutstropfen war, dass der VfB aufgrund der Titelkämpfe der Leichtathleten mit zwei Auswärtsspielen beginnen musste und sich gleich am Tabellenende wiederfand. Unter anderem dieser Start forcierte bei den VfB-Verantwortlichen endgültig die Überlegungen dahingehend, wieder einen Kopf für das Mittelfeld zu verpflichten. Mit dem brasilianischen Nationalspieler Carlos Dunga wurde in der laufenden Saison ein Spielertypus verpflichtet, der für eine Veränderung im gesamten Weltfußball stand. Die Zeit jener Mittelfeldstrategen setzte ein, welche am besten als Abfangjäger mit gestalterischen Möglichkeiten bezeichnet werden könnten. So versprühte ein Dunga dann auch nicht die Eleganz eines Gaudino oder Sigurvinsson, sondern erarbeitete sich jeden Ballbesitz hart und fungierte dann als Verteiler von meist kurzen Pässen.

Sein Einstand beim VfB Stuttgart war dennoch spektakulär! Am sechsten Spieltag stand der VfB bereits mit dem Rücken zur Wand und lag vor 33.000 gegen Dortmund bis zur letzten Minute 1:2 zurück. Dunga schnappte sich 30 Meter vor dem BVB-Kasten das Leder und drosch es in selbstverständlicher Manier unter die Latte. Spätestens hier wussten die Anhänger, dass Daum und Hoeneß kein typischer Brasilianer ins Netz gegangen war.

Trotz des nun klarer strukturierten Spieles war die Hinrunde ein einziges Spießrutenlaufen für den Ex-Meister. Es gab Aussetzer in Lautern (0:5), gegen Leverkusen (1:4) und beim Derby in Freiburg (1:2) sowie das 2:6 gegen Kaiserslautern im Pokal, bei dem Axel Kruse mit dem Bremer Schiedsrichter Osmers »kollidierte«.

Nach einem trüben 0:0 in Leipzig setzte sich bei Christoph Daum eine Erkenntnis durch, die über ein Jahr nach Leeds immer wieder in ihm und allen an diesem Verein beteiligten Personen im Hinterkopf verankert war: Die Ereignisse von damals hatten, wenn vielleicht auch nur unterschwellig, zu Autoritätsverlusten des Trainers gegenüber der Mannschaft geführt und dazu, dass die Basis für einen Neuanfang zu brüchig war. Daum sah sich in der erneuten Krisensituation nicht mehr in der Lage, die nötigen Impulse zu setzen, und machte schweren Herzens den Weg frei für einen totalen Neuanfang. Bei den VfB-Fans hatte der Meister-Trainer jedoch kaum an Popularität verloren: Beim abschließenden 4:0 gegen Duisburg wurde er über 90 Minuten gefeiert und viele fragten sich, wie die Geschichte weitergegangen wäre, hätte es Leeds nie gegeben.

Es spricht für Christoph Daum und seine im Trainermetier einmalige Ausstrahlung, dass er an all seinen Wirkungsstätten mit Wehmut verabschiedet wurde und sowohl in Köln wie auch in Stuttgart, auch Jahre danach, immer wieder als Wunschtrainer galt, wenn wieder mal ein Coach entlassen wurde. Im Trainer Daum erkennen halt viele Anhänger ihre Leidenschaft zum Verein wieder.

Nachfolger Jürgen Röber, ehemals erfahrener Profi (Bremen, München, Nottingham) hatte als Trainer zuletzt in Essen für Aufsehen gesorgt und kam nun dennoch überraschend zu seinem ersten großen Job.

Und Röbers Einstand hätte spektakulärer nicht sein können! Zum Rückrundenstart düpierte ein glänzend eingestellter VfB den FC Bayern im Olympia-Stadion mit 3:1 und feierte erstmals nach Jahrzehnten wieder einen Sieg beim Rivalen – des »Kaisers« Miene gefror beim Debüt als Münchner Coach bei Minustemperaturen im Olympia-Stadion, und für Röber konnte jetzt nicht mehr viel schief gehen. Besondere Genugtuung stellte für die VfB-Fans dar, dass dem entscheidenden 3:1 ein Handspiel von Knup vorausging – der VfB Stuttgart hatte also endlich auch mal einen »dreckigen« Sieg gegen die Bayern eingefahren und war nicht, wie sonst üblich, in Schönheit gestorben. Unüblich war auch, dass man in den folgenden Wochen nicht in ein Loch fiel, was der VfB nach Siegen über die Münchner normalerweise zu tun pflegte. Im Gegenteil: Der Triumph von München stellte eine Initialzündung dar, und der VfB eilte von Sieg zu Sieg und hatte den europäischen Wettbewerb wieder fest im Visier – bis der 23. April 1994 kam …

Gegen die Freiburger Himmelsstürmer sollten die Verhältnisse nach dem 1:2 im Hinspiel wieder gerade gerückt und am drittletzten Spieltag ein weiterer Schritt in Richtung Platz 6 unternommen werden. Es kam anders. Die Freiburger konterten den VfB klassisch aus und feierten am Ende vor 38.000 ein demütigendes 4:0 durch Tore der Herren Kohl und Cardoso. Der VfB musste in diesen Tagen aufpassen, dass er die über Jahrzehnte gewachsene Vormachtstellung in Baden-Württemberg nicht aufs Spiel setzte. Das 0:4 gegen Finkes Truppe hatte nicht nur dafür gesorgt, dass sich Freiburg noch sensationell im Abstiegskampf behauptete, sondern abermals hatte der VfB dem KSC den Vortritt an Europas Fleischtöpfe gestatten müssen.

Trotz alledem: Jürgen Röber hatte wieder Zug in den Laden gebracht und der Elf wieder klarere Konturen verliehen. Insbesondere die rechte Seite mit Andy Buck und Strunz entwickelte sich zum Sahnestück und fand in der Bundesliga nichts Vergleichbares. Die erstaunlichste Entwicklung nahm jedoch Thomas Berthold. Das einstige Riesentalent von Eintracht Frankfurt betrachtete die Bundesliga nach seiner Rückkehr aus Italien nach München monatelang nur noch von den kalten Sitzschalen im Olympia-Stadion. In Stuttgart entwickelte er sich prompt wieder zu einem Klasse-Verteidiger und schaffte auf Anhieb den Sprung zurück in die Nationalmannschaft, welche im März 94 zu einem 2:1 im Daimler-Stadion gegen Italien kam. Auch auf dem Rasen standen Buchwald, Strunz und die ehemaligen VfB'ler Klinsmann und Gaudino, der durch seinen Wechsel nach Frankfurt tatsächlich noch einmal einen Schub erhalten hatte.

Dieses Länderspiel sollte allerdings nur ein Vorbote sein, welcher vom neuen Standing der Stuttgarter Spieler für die Auswahlmannschaft kündete. Bei der WM 1994 in den USA waren dann alle drei Defensiv-Akteure des VfB mit von der Partie, wobei Thomas Berthold als Einziger alle Spiele über die volle Distanz absolvierte – bis zum bitteren Aus gegen Balakovs Bulgaren. Und auch ein Adrian Knup vertrat Stuttgarts Farben im Trikot der Schweizer.

Die größte Aufmerksamkeit wurde jedoch natürlich Carlos Dunga zuteil. Mit stoischer Ruhe führte Dunga als Kapitän die Brasilianer zum vierten WM-Titel, dem ersten nach 24 Jahren. Es erfüllte alle beim VfB Stuttgart schon mit Stolz und Genugtuung, auf diesem Wege in den Fokus der Weltöffentlichkeit geraten zu sein.

Auch zu Hause am Wasen liefen die Bemühungen auf Hochtouren, den unter Röber eingeschlagenen Weg nun auszubauen. Fritz Walter und Guido Buchwald sollten diesen nicht mehr mitgehen. Nach sechs bewegten Jahren am Neckar verließ nach Gaudino auch der zweite Ex-Mannheimer den Verein und ließ, wie später auch Günther Schäfer, seine Karriere bei Arminia Bielefeld ausklingen. Mit Fritz Walter verlor der VfB einen Garanten für Tore, der sich darüber hinaus mit seiner volksnahen Art einen großen Stellenwert in Stuttgart erarbeitet hatte.

In Guido Buchwald verlor der VfB einen seiner ganz großen Leader sowie Integrations- und Identifikationsfiguren. Er hatte beim VfB alles erreicht (neben Schäfer als Einziger beide Meisterschaften), und mit der japanischen Liga ergab sich für den Weltmeister noch einmal eine neue Herausforderung.

Die VfB-Verantwortlichen waren also wieder mal gefordert, zumal die Karlsruher mittlerweile sogar im Europacup auftrumpften, hier nach dem Wunder gegen Valencia (7:0) erst im Halbfinale gegen Salzburg Endstation war. Der Vision »KSC 2000« konnte der VfB nicht mit dauerhaft siebten Rängen in der Endabrechnung begegnen!

94/95: Vergangenheit und Zukunft geben sich ein Stelldichein

Jürgen Röber und Dieter Hoeneß hatten vor der Saison kluge Personalentscheidungen mit aus heutiger Sicht weitreichenden Folgen getätigt, und dennoch sollte es abermals nur ein Übergangsjahr werden.

Hauptgrund für die Stagnation war sicherlich die schwere Knöchelverletzung des Züricher Neuzugangs Giovane Elber. Der Brasilianer fiel bereits nach dem zweiten Spiel bei 1860 wochenlang aus und brauchte, auch nach seinem relativ frühen Comeback noch in der Hinrunde, noch Zeit für einen Neuanfang. So war ein blindes Verständnis zwischen Elber und Fredi Bobic in der späteren Perfektion hier noch nicht gegeben.

Der Start des nächsten Stars der Stuttgarter Kickers stand dagegen unter einem günstigeren Stern. Fredi Bobic markierte in den ersten fünf Spielen jeweils ein Tor und katapultierte sich damit in die Nationalmannschaft, welche nach dem Desaster in den USA nach neuen Impulsen vor allem im Offensiv-Spiel suchte.

Trotz Elbers Rückschlag deutete sich schon früh an, dass der VfB Stuttgart den Verlust Fritz Walters wettgemacht zu haben schien und zwei Juwelen für die Offensive hatte gewinnen können. Auch die »Rückholaktion« Gerhard Poschners machte in diesem Zusammenhang Sinn. Das ehemalige Spielmacher-Talent hatte sich in vier Jahren Borussia Dortmund zu einem gestandenen Regisseur entwickelt, der vor allem über die linke Seite immer wieder gestalterisch in Aktion trat. Die Flügelzange Buck/Strunz auf rechts, Dunga als »zentrales Hirn« und Frontzeck und Poschner über links – das machte Sinn!

Dennoch konnte das auf dem Papier talentierte VfB-Team keine Stabilität auf dem Spielfeld entwickeln. Vor allem der Verlust Buchwalds als Bindeglied zwischen Defensive und Offensive war regelrecht spürbar, zumal Nachfolger Franco Foda zwar Erfahrung mitbrachte, aber eben einen klassischen Manndecker verkörperte.

Aber auch ein Carlos Dunga konnte mit zunehmendem Saisonverlauf immer weniger die Souveränität und Lässigkeit auf seine Mitstreiter übertragen, wie es ihm in der Selecao gelang. Im Gegenteil. Mit zunehmendem Saisonverlauf entstand der Eindruck, Dunga betrachte die Mission Stuttgart nur noch als Belastung, die sich ein Weltmeister nicht antun müsste. Aber gerade von einem Spieler seiner Klasse hätte man bei der Neufindung dieses Teams erwarten müssen, dass er die

Rolle eines Buchwald einnimmt. Aber genau dessen Identifikation mit dem Verein fehlte dem Brasilianer wohl hierfür.

Ein einschneidendes Erlebnis, welches den Stuttgarter Selbstfindungsprozess negativ beeinflussen sollte, gab es bereits am vierten Spieltag auf dem Betzenberg. Nach einer begeisternden Partie musste der VfB am Ende die Segel streichen, weil dem entscheidenden Lauterer 3:2 eine Hand-Mitnahme von Sforza vorausging. Dieses Erlebnis schien sich in den Hinterköpfen festgesetzt zu haben, denn fortan waren die Auftritte des VfB einerseits geprägt von genialen Ansätzen, andererseits aber auch von schlimmen Einbrüchen, die von Unsicherheit zeugten.

Die Spielkultur der Röber-Elf blitzte bei den Heimsiegen gegen Frankfurt (4:1), den KSC (4:0) und in München (2:2) auf, während es in Bremen (0:4), Freiburg (0:2) und Duisburg (0:2) fast wehrlose Auftritte zu verzeichnen gab. Besonders bitter waren das Heim-2:4 gegen Gladbach nach einer 2:0-Führung, das 0:5 in Dortmund, welches im direkten Duell noch einmal den Verlust eines Matthias Sammer verdeutlichte, sowie das imageschädigende Pokal-Aus bei den Amateuren Bayern Münchens nach Elfmeterschießen im Achtelfinale des DFB-Pokals.

Für einen mit diversen Nationalspielern ausgestatteten Kader stellte sich das Gebilde VfB also als zu instabil dar, zumal viele Spieler mittlerweile im besten Fußballeralter waren und dafür prädestiniert schienen, Führungsrollen zu übernehmen (Immel, Berthold, Foda, Buck, Frontzeck, Strunz, Kögl, Kruse).

Zu Beginn der Rückrunde konnte auch Elbers Rückkehr keine entscheidende Wendung mehr bringen. Zum dritten Mal in Folge gerieten die europäischen Ziele außer Reichweite. Dennoch kam die Entlassung von Jürgen Röber und gleichzeitig auch Manager Hoeneß nach dem 1:3 im Derby beim KSC am 27. Spieltag überraschend und ist wohl in erster Linie damit zu erklären, dass der VfB mittlerweile tatsächlich auch seine Position durch die direkte Nachbarschaft angegriffen sah. Nach dem Karlsruher Aufschwung der Vorjahre sorgten jetzt die Freiburger für Furore und belegten am Ende einen sensationellen dritten Rang.

Für Röber und Hoeneß war es ein bitterer Abschied, gegen den sich ein Großteil der Anhänger aussprach. Der Manager hatte in den fünf Jahren glänzende Transfers getätigt und war ein Hauptgarant für den Titel 1992. Ähnlich wie ein Rolf Rüssmann erkannte er die Vakanzen innerhalb eines Kaders und hatte auch den nötigen Weitblick über die Grenzen der Bundesliga hinaus. Zusammen mit Jürgen Röber hatte er die Grundvoraussetzungen dafür geschaffen, dass der VfB nach der Stagnation in der auslaufenden Daum-Ära wieder Impulse erhielt, welche sich in naher Zukunft bemerkbar machen sollten. Auch die Anhänger waren bereit, diesen Weg mitzugehen. Kamen im Vorjahr bereits 30.000 ins Neckarstadion, stieg die Zahl nun auf 33.000, was allerdings auch mit dem gewachsenen Komfort des Daimler-Stadions zu erklären war.

Die Führungsriege allerdings entschied bekanntlich anders, und die Bekanntgabe des Röber-Nachfolgers gehört sicherlich zu den skurrilsten Entscheidungen, die jemals am Wasen getroffen wurden.

Jürgen Sundermann war wieder da, wurde zum dritten Mal VfB-Trainer! Für viele der jüngeren Fans war er zu diesem Zeitpunkt eher eine Legende denn Teil des Trainergeschäftes. Neutrale Fußballinteressierte erinnerten sich nur noch an den Namen Sundermann, wenn die Frau des ehemaligen Trainers in ihrer Rolle als TV-Assistentin in Erscheinung trat.

Andererseits: Sundermann war nach seiner großen VfB-Zeit im Stuttgarter Raum sesshaft geworden und hatte durch die Besuche der Heimspiele immer wieder seine Affinität und Verbundenheit zum Verein zum Ausdruck gebracht. Jetzt, fast 20 Jahre nach der Übernahme der »Rasselbande« des VfB in der zweiten Liga, waren der Drang und der Reiz, mit Mitte fünfzig noch einmal den Stallgeruch der Bundesliga zu verspüren, zu groß. Die Crew um Mayer-Vorfelder wiederum sah in Sundermanns Verpflichtung kein großes Risiko, zumal das Engagement ganz klar auf die letzten sieben Spieltage begrenzt war und unter der Rubrik »Freundschaftsdienst« abgelegt wurde.

Um es kurz zu machen: Aus der romantischen Verklärtheit der Vergangenheit wurde ein trauriges Bild der Wirklichkeit, das sich beide Seiten besser erspart hätten. Die frühere Legende fand keinen Zugang mehr zur neuen Spielergeneration, und der VfB Stuttgart fand sich nach Saisonende nach weiteren Flops gegen Bremen (1:4) und in Bochum (0:4) auf dem zwölften Platz wieder. Lediglich das 1:0 gegen Freiburg hatte einen leicht versöhnlichen Charakter.

Von einer »Stunde null« zu reden war bei der Qualität des Kaders sicherlich übertrieben, aber dennoch gab es nach der Saison diverse Fragezeichen und vakante Positionen bei den Roten zu verzeichnen. Wer würde neuer Trainer werden? Wird die Position des Managers neu besetzt? Wer ersetzt Organisator Carlos Dunga, der Stuttgart fast zwangsläufig verlassen hatte? Wer würde neuer Libero? Slobodan Dubajic hatte den VfB nach vier Jahren verlassen. Obwohl er nie wieder ganz an die Klasse seines ersten Jahres, der Meistersaison, heranreichen sollte, war er ein extrem wichtiger Baustein.

Hoffnung machte in erster Linie, dass der VfB Stuttgart gerade in Zeiten der größten Ungewissheit immer passende Antworten parat hatte.

95/96 Die Magie beginnt

Der VfB begegnete den vielen offenen Fragen mit einer eindrucksvollen Einkaufspolitik auf hohem Niveau und wählte den Weg einer Internationalisierung.

In der Trainerfrage entschied man sich erneut für die »Schweizer Lösung« und holte mit Rolf Fringer einen Coach, der mit dem FC Aarau ins Blickfeld gerückt war und in seiner Rhetorik und Mentalität an Lothar Buchmann erinnerte. Wahrscheinlich entschied man sich auch deshalb für eine externe Lösung, da der Neue völlig unvoreingenommen an die schwere und komplexe Aufgabe herangehen sollte.

Als Dubajic-Nachfolger wurde vom AJ Auxerre der Holländer Frank Verlaat geholt, der bereits als 19-Jähriger mit Ajax Amsterdam im Athener Europapokal-Finale gegen Lok Leipzig stand (1987) und in der Amsterdamer Jugendakademie sämtliche taktische Formen der Verteidigung gelernt hatte.

Auf der Spielmacher-Position war das Augenmerk darauf gerichtet, einen offensiveren Gestalter zu verpflichten, als ihn Dunga verkörpert hatte. Die Wahl fiel auf Krassimir Balakov, der fünf Jahre lang das Spiel von Benfica Lissabon gelenkt hatte und auch das der bulgarischen Auswahl 1994 in den USA, wenngleich noch im Schatten von Superstar Stoichkov. Zunächst ahnten die wenigsten, welch genialer Spieler dort im Anmarsch war, auch wenn die Experten schon von einem »Balkan-Maradona« sprachen. Bereits in den Testspielen zeigte sich dann aber, dass es niemals zuvor am Wasen einen Fußballer gegeben hatte, der die spielerische Genialität und deren Umsetzung derart verinnerlicht hatte und zelebrieren konnte wie der Bulgare.

Es gehörte sicherlich zu den glücklichsten Fügungen in der Geschichte des Vereins für Bewegungsspiele, dass mit Balakov das fehlende Puzzleteil zu Bobic und Elber auf dem Weg zur Magie gefunden wurde. Ein in Stuttgart aufgewachsener Kroate slowenischer Herkunft, ein Brasilianer aus Zürich und ein Bulgare aus Lissabon laufen sich im wahren Leben ja nicht unbedingt über den Weg. Von Beginn an entwickelten die drei ein blindes Verständnis untereinander, ergänzten sich in ihren Fähigkeiten, waren einfach füreinander geschaffen wie einst Kaltz und Hrubesch in Hamburg.

Weniger harmonisch verlief zu Beginn der Fringer-Zeit der Konkurrenzkampf zwischen den Pfosten. Fringer entschied sich für den jungen Marc Ziegler, und Eike Immel hatte mit 35 keine Ambitionen mehr, sich auf die Bank zu setzen. Nach neun Jahren endete die Zeit einer Institution zwischen den VfB-Pfosten etwas tragisch – wie auch jene ausgerechnet von Vorgänger Helmut Roleder – und Eike wechselte zu Manchester City. Beiden VfB-Keepern wurde man in den Nachrufen eigentlich nicht gerecht für ihre außerordentlichen Verdienste über viele Jahre.

In der Gegenwart entwickelte sich der VfB unter Fringer zunächst zu einer spielstarken Elf, in der, im Gegensatz zur folgenden Saison, das magische Dreieck aber noch nicht derart verzahnt war mit den übrigen Mannschaftsteilen. Die Bobic, Elber und Balakov begeisterten mit Tricks und Einlagen der Güteklasse 1, doch die Abwehr um Libero Verlaat und das defensive Mittelfeld schwammen nicht nur beim Pokal-Aus in Sandhausen, dem längsten Elfmeterschießen in der Geschichte des Wettbewerbs (13:12).

Mehr als einmal ließ der Hurra-Stil den VfB ins offene Messer rennen (1:4 gegen Leverkusen, 3:6 in Dortmund), andererseits sorgten die magisch-furiosen Auftritte (5:0 über Gladbach, 3:3 in Rostock, 3:2 gegen

Frankfurt, 3:0 gegen HSV, 4:3 in Uerdingen) einfach für Spaß und Unterhaltung und ließen am Ende im Schnitt 35.000 ins Daimler-Stadion pilgern. Das Gottlieb-Daimler-Stadion war zwei Jahre nach seiner Restaurierung zu einem Erlebnispark geworden, und die gewachsene und weiter expandierende Medienlandschaft transportierte die Geschichte des »Magischen Dreiecks« in die Lande.

Die Schwächen im Defensivverhalten verhinderten, dass der VfB mit einem Auge auf Meister Dortmund schielte, und dennoch: Nach 18 Spieltagen belegte Stuttgart noch den dritten Rang, ehe ein bis heute nicht nachvollziehbarer Absturz erfolgte. Auslöser war ein unglückliches 2:3 gegen 1860 München, wo Nowak & Co. mit ihrer Kontertaktik belohnt wurden. In der Folgezeit reagierte der VfB wie ein Kind, das sich verbrannt hatte. Es wurde eine defensivere Einstellung gewählt, was weniger Gegentore zur Konsequenz hatte, jedoch auch die Automatismen im Angriffsspiel außer Kraft setzen ließ. Insgesamt gelang dem Team nicht mehr der Spagat zwischen Entertainment und Ergebnissen, und tatsächlich wurden von den letzten 15 Spielen nur noch zwei gewonnen. Vor allem das 0:5 gegen Dortmund zeigte schonungslos auf, dass die Zauberer in vorderster Front noch eine Absicherung benötigten, die ihnen die totale Freiheit genehmigte, zumal es neben Guido Buchwald nun auch keinen Strunz mehr gab, der ja auch den Part im defensiven Mittelfeld hätte übernehmen können. So mutierte das »Magische Dreieck« durch die offensiven Qualitäten von Gerhard Poschner eher auch mal zu einem »Viereck«, welches bei Kontern des Gegners ein zu großes Loch im Mittelfeld entstehen ließ.

Diesen Missstand zu verändern war nun die Aufgabe Rolf Fringers, doch dazu sollte es nicht mehr kommen. Wenige Tage vor dem Saisonstart 96/97 beendete der Schweizer die monatelangen Unruhen um seine Person und nahm den Job als Schweizer Nationaltrainer an. Der katastrophale Einbruch in der Rückrunde hatte am Wasen immer wieder Gerüchte um eine Rückkehr Daums entstehen lassen, und die schwachen Auftritte im UI-Cup ließen wahrscheinlich beide Seiten zu dem Schluss kommen, dass ein erneuter Neuanfang das Beste sei.

Die Fans jedoch waren die Wechselspiele auf der Trainer-Position leid, und selbst der Name Daum konnte hier nicht für Beschwichtigung sorgen. Zwar war Rolf Fringer beileibe kein »Mann der Massen«, dennoch wusste er die Anhängerschaft, welche sich nach Kontinuität sehnte, hinter sich. So gab es vor dem letzten Saisonspiel gegen den KSC noch Protestaktionen auf der Mercedesstraße und einen zeitweiligen Block-Boykott während des Derbys. In Stuttgart hatte sich einfach die Erkenntnis durchgesetzt, dass gewachsene Mannschaften ihre Basis und ihr Rückgrat in erheblichen Maße durch die Kontinuität auf der Trainer-Bank erhalten. Die Beispiele Dortmund (Hitzfeld), Bremen (Rehagel) und nun auch Freiburg (Finke) sprachen für sich.

Der Status quo bei den Roten sah wenige Tage vor dem Saisonstart gegen die Schalker anders aus: Erstmals in der Vereinsgeschichte stand man wenige Stunden vor dem ersten Spiel ohne Trainer da! Wo es sonst gilt, Spieler auf den letzten Drücker fit zu bekommen, suchten die »MV« & Co. nun fieberhaft nach einer Lösung für die Trainer-Bank. Eine Rückkehr Christoph Daums jedenfalls konnte sich der VfB abschminken. Der Meister-Trainer von Besiktas Istanbul hatte Bayer 04 Leverkusen den Zuschlag gegeben und sollte die Farbenstädter nach dem Fast-Abstieg in eine sehr erfolgreiche Ära führen.

Wie aber löste der VfB Stuttgart sein Trainerproblem?

96/97: Ein Jahr wie im Rausch

Die Meisterschaften 84 und 92 waren umjubelt, diese Spielzeit war mehr!

Der VfB Stuttgart zeigte wahrscheinlich den hinreißendsten und entfesselndsten Fußball der Bundesliga-Geschichte und erntete damit Bewunderung über Deutschlands Grenzen hinaus. Vergleichbar war vielleicht nur der Gladbacher Stil der siebziger Jahre, doch das Spiel der Borussen war damals eher auf Konter angelegt, während der VfB nun jederzeit das Zepter schwang.

Mit Joachim Löw wurde Fringers Assistent zum Trainer gemacht, wobei in keiner Weise klar war, ob dieses nur eine Interimslösung darstellte oder eine generelle Beförderung. 16 Jahre nach seiner schweren Verletzung gegen Liverpool stand Löw also wieder im Blickpunkt beim VfB, und während seine Spielerkarriere mit Hindernissen begann, gibt es im Trainergeschäft wahrscheinlich keine steileren Aufstiege als die des »Jogi« Löw. Die Geschichte des »Tellerwäschers von New York« erscheint gegenüber den Karrieresprüngen Löws als ein Abklatsch.

Bereits die Verpflichtung als VfB-Co-Trainers durch Rolf Fringer verlief im Eiltempo. Nach seinen Spielerstationen Stuttgart, Frankfurt, Karlsruhe und Freiburg trainierte Löw zunächst die A-Jugend des FC Winterthur und fungierte im Anschluss in der 3. Schweizer Liga als Spieler-Trainer, ehe Fringer überraschend den Trumpf VfB aus dem Ärmel zog. Ebenso wie in der heutigen Situation als Assistenztrainer unter Bundestrainer Klinsmann entwickelten sich die Konstellationen irgendwie automatisch auf Löw zu, und dieser sah sich in beiden Fällen plötzlich mit Aufgabenbereichen konfrontiert, von denen er kurz zuvor wohl nur geträumt hatte.

Bereits das Comeback der Stuttgarter war imponierend!

Entgegen allen Befürchtungen hatte die Unruhe kurz vor dem Start nicht übergegriffen auf die Mannschaft, welche sich beim 4:0 gegen Schalke gleich an die Spitze katapultierte. Auf Anhieb waren die neuen Konturen einer Elf erkennbar, in welcher die vakanten Positionen erstklassig besetzt worden waren. Die größte Problemstelle im defensiven Mittelfeld war mit Zvonimir Soldo besetzt worden, von dessen Fähigkeiten sich die Anhänger schon während der EM in England ein Bild machen konnten. Soldo sollte der entscheidende Faktor dafür sein, dass das »Magische Dreieck« nun vollkommen frei zur Entfaltung kommen konnte. Dass der Kroate darüber hinaus das VfB-Spiel ein Jahrzehnt entscheidend prägen würde, konnte allerdings noch niemand ahnen.

Nach dem ehemaligen Lauterer »Meisterschüler« Marco Haber und dem Bochumer Thorsten Legat im Vorjahr kam mit Matthias Hagner aus Frankfurt ein weiterer Läufer, der das Spiel über die Außen nach den Weggängen von Frontzeck und Kögl forcieren sollte – und schon gegen Schalke glänzend einschlug.

Im Tor entschied man sich nach dem Experiment Marc Ziegler kurzerhand für den erfahrenen Österreicher Franz Wohlfarth, der neben seiner fußballerischen Klasse vor allem für die Teambildung wahrscheinlich der entscheidendste Faktor war. Der Keeper konnte hervorragend abwägen, wann Wiener »Schmäh« angesagt war und wann die Zügel angezogen werden mussten.

Während in der heutigen Zeit monatelang von Integrationsprozessen gesprochen wird, fand dieser unter Löw praktisch im Eiltempo statt – die Neuen übernahmen einfach ihre Positionen!

Der grandiose Auftaktsieg verlieh dem Team nach den wochenlangen Querelen derart viel Selbstbewusstsein, dass es sich vom Start weg in einen regelrechten Rausch spielte. Verlaat organisierte souverän von hinten heraus, in dem Bewusstsein, mit Soldo jetzt einen weiteren Stützpfeiler vor sich zu wissen. Poschner und vor allem auch Hagner nutzten immer wieder geschickt ihre Freiräume, da die Gegner sich jetzt immer mehr auf Bobic, Elber und Balakov konzentrierten. Dennoch verbesserte sich die »Feinmotorik« des Dreiecks gegenüber der Vorsaison noch einmal erheblich. Die drei zogen ein Kombinationsspiel auf, welches wie von Geisterhand gelenkt wirkte, und bestachen durch ihre Eiseskälte vor dem Tor. 43 der 78 Schüsse ins Schwarze sollten auf ihr Konto gehen – darunter Fallrückzieher, Scherenschläge und andere akrobatische Highlights!

Nach sechs Siegen in Folge mit 16:1 Toren (!) und dem imponierenden spielerischen Feuerwerk beim 1:1 bei Meister Dortmund war eine Inthronisierung Löws zum Chef-Trainer unumgänglich geworden.

Wochenlang hatten Fans und Medien mit Unverständnis darauf reagiert, dass die beispiellose Erfolgsgeschichte nicht schon früher zu diesem Ergebnis geführt hatte – 20 Monate später sollten sich die Gründe herausstellen. Ausgerechnet bei »Jogis« Einstand zum Chef-Trainer, welcher vor dem Spiel gegen Düsseldorf auf der Videowand verkündet wurde, setzte es ein 0:2 gegen die Fortuna. Der Team-Spirit und die Aufgabenverteilungen waren jedoch mittlerweile derart gewachsen bzw. geklärt, dass auch dieser Rückschlag die Magie nicht mehr aufhalten konnte.

Es gab Tore, Tricks und Paukenschläge am laufenden Band: Das 5:0 über die Gladbacher, Elbers Hackentreffer rückwärts zum Tor stehend beim 4:2 über Freiburg, 5:1-Siege über Rostock und St. Pauli, das selbst die bayerischen Zuschauer in Verzückung versetzende 5:2 bei

1860 und die rheinischen Feuerwerke beim 5:1 in Köln und dem 4:0 in Düsseldorf.

Die gesamte Bundesliga stand unter dem Eindruck dieser spielerischen Leichtigkeit, zumal weit und breit nicht im Entferntesten etwas Vergleichbares zu verzeichnen war. Meister BVB hatte es verpasst, die in die Jahre gekommene Elf aufzufrischen, die Bayern spielten unter Trapattoni rationeller denn je und die Bremer hatten nach Rehagels Weggang andere Probleme, als an spielerische Feinheiten zu denken. Lediglich Daums Leverkusener pflegten einen attraktiven Stil. Ausgerechnet diese waren es auch, die am 28. Spieltag die durchaus noch akuten Meisterschaftshoffnungen des VfB annähernd zerstörten, als sie vor 50.000 im Daimler-Stadion 2:1 siegten. Dennoch kämpfte sich der VfB noch einmal heran, aber das schon zuvor beschriebene 1:2 in Bochum am 31. Spieltag bedeutete das endgültige Aus.

Ausschlaggebend für den leichten Knick zum Ende hin war wahrscheinlich auch die bewegte Saison im DFB-Pokal. Einerseits schweißten die an Dramatik kaum zu überbietenden Duelle die Elf des VfB immer weiter zusammen, andererseits mussten sie an die Substanz gehen. In drei der fünf Spiele auf dem Weg ins Berliner Finale gegen Cottbus mussten Elfmeterschießen für die Entscheidung sorgen. Gegen Fortuna Köln, bei Hertha BSC und in Freiburg avancierte Franz Wohlfarth zum Helden, ehe Thomas Schneiders Kopfball im Halbfinale gegen den HSV den ersten Finaleinzug nach elf Jahren perfekt machte. In diesem stimmungsvollen Halbfinale im Daimler-Stadion gab es die bis dato größte Choreographie in einem deutschen Stadion. Die magischen Momente hatten vom ersten Augenblick der Saison auf die Ränge übergegriffen, und neben dem Wiederaufstiegsjahr 77/78 war die Atmosphäre in der Betonschüssel am Neckar nie überschäumender. Durchschnittlich 40.000 kamen zu den Happenings in Weiß und Rot.

Überhaupt war das Image des Vereins bundesweit wieder auf einem absoluten Höhepunkt angekommen – selbst aus Karlsruhe vernahm man Töne der Bewunderung. Auf der anderen Seite schmerzte die verpasste Champions-League-Qualifikation schon etwas, denn der vierte Platz reichte zu diesem Zeitpunkt noch nicht aus. In diesem Zusammenhang war der mögliche Titel des DFB-Pokalsiegers als »Entschädigung« nicht zu unterschätzen, obwohl viele im UEFA-Cup den attraktiveren Wettbewerb sahen.

Mit dem Erreichen des DFB-Pokal-Finales war eigentlich jedem klar, dass die Qualifikation für den Europapokal der Pokalsieger vollbracht sein musste. Gegner Energie Cottbus war zwar soeben von der Regionalliga Nordost in die 2. Liga aufgestiegen und krönte dies mit dem sensationellen Weg im Pokal. Dennoch gab es zum ersten Stuttgarter Pokalsieg nach 39 Jahren keine Alternative – zu groß wären der negative Beigeschmack nach diesem unglaublichen Jahr gewesen. Annähernd 30.000 VfB-Fans (bei 250.000 Ticket-Wünschen!) und ungefähr 20.000 Lausitzer, die größtenteils mit Nahverkehrsbussen aus dem eine Stunde entfernten Cottbus angereist waren, tauchten Berlin an diesem 14. Juni 1997 in ein weiß-rotes Meer. In die Vorfreude auf das Finale mischte sich die Genugtuung, dass die Genialität einer ganzen Saison in wenigen Stunden mit einem Titel belohnt würde – falls nichts Außergewöhnliches eintreten sollte.

Das Finale entsprach allen Gedankenspielen exakt. Die tapferen Cottbusser hatten der Abgeklärtheit des Bundesligisten wenig entgegenzusetzen und zwei Geniestreiche Elbers machten den zweiten Titel der neunziger Jahre perfekt!

Noch während der Feierlichkeiten vor Tausenden auf dem heimischen Rathausplatz zogen allerdings abermals düstere Vorboten am Stuttgarter Horizont auf. Giovane Elbers Wechsel zu Bayern München war beschlossene Sache und der Brasilianer dokumentierte seinen Rückzug aus Stuttgart damit, dass er sich von den Festivitäten ausklinkte.

Nach Jahren des Abstandes versucht man ganz sachlich zu hinterfragen: War ein Verein aus einer der wirtschaftlich stärksten Regionen Europas tatsächlich nicht in der Lage, der Münchner Millionenofferte zu trotzen und dieses einmalig entstandene Konstrukt zu erhalten? Sah Elber tatsächlich in München bessere sportliche Perspektiven und waren die Sympathiebekundungen zu seinen »Brüdern im Geiste«, Bobic und Balakov, im Endeffekt nur Worthülsen? War es im heutigen Profi-Fußball einfach nicht mehr möglich, Mannschaften über Jahre hinweg wachsen zu lassen, ohne dass sich der Branchen-Krösus ungeniert daran bediente? Die Zerstörung des »Magischen Dreiecks« war perfekt und kam der eines Kulturgutes gleich, welches es in Zukunft in dieser Einzigartigkeit nicht mehr geben würde. Und man kann es drehen oder wenden, wie man will: Trotz aller Erfolge in München ging von Elber in den folgenden Jahren nicht mehr diese Magie, Genialität und Ausstrahlung aus wie zu seiner Stuttgarter Zeit.

Während sich das Fußballvolk im Talkessel mittlerweile mit den notorischen Star-Abgängen arrangiert zu haben schien und der Pokalsieg die Zukunft in weite Ferne rücken ließ, erhielt die Suche nach einem Elber-Nachfolger für den Club oberste Priorität. Zumindest deutete sich früh an, dass der Kader ansonsten praktisch ohne Veränderungen in die zweite Löw-Saison gehen würde. Bis auf eine Ausnahme: Nach sieben Jahren beim VfB verabschiedete sich »Andy« Buck. Der pfeilschnelle Rechtsaußen hatte ein hohes Ansehen bei Fans und Mitspielern. Mittlerweile hatte jedoch Matthias Hagner in seiner erstklassigen ersten Saison in Stuttgart dem früheren Freiburger den Rang abgelaufen. »Andy« Buck nahm die Herausforderung Kaiserslautern an, bildete zusammen mit Ratinho das beste Duo auf der rechten

Außenbahn und wurde mit dem Aufsteiger sensationell noch einmal Meister. Gutes Timing!

Abschließend: Die »gesammelten Werke« des Jahres 1996/97 sollten in keiner Video-Sammlung eines VfB-Anhängers fehlen. In schlechten Zeiten lassen sie einen von besseren Zeiten träumen und im Allgemeinen zeigen sie auf, wie der Fußball vor gar nicht einmal allzu langer Zeit aussah.

97/98: Ein Europacup-Finale als Entlassungsgrund

Wenn im Bereich Trainer, wie beschrieben, einem Lothar Buchmann nicht die Wertschätzung entgegengebracht wurde, die er verdient gehabt hätte, so war es im Falle der Spieler Jonathan Akpoborie.

Nach dem Weggang Elbers schienen Presse und Anhänger erwartet zu haben, dass dieser eins zu eins ersetzt werden könnte, quasi als Klon des Brasilianers sich ansatzlos in das eine fehlende Dreieck einfügen lassen würde. Die Kongenialität Elbers zu Bobic und Balakov war jedoch nicht beliebig austauschbar, was ja gerade die Einmaligkeit im instinktiven Miteinander der drei ausmachte. Zudem verkörperte der ehemalige Rostocker Goalgetter Akpoborie allein schon durch seine Herkunft einen anderen Spielertypus als Elber. Zwar gelten sowohl Südamerikaner als auch Afrikaner als Ausnahmekönner am Ball, aber der Stil des Brasilianers Elber war natürlich dennoch ein anderer als der des Nigerianers Akpoborie. Akpobories Trefferquote in seinen zwei Jahren beim VfB war jedenfalls durchgehend gut, lag in der Bundesliga jeweils im zweistelligen Bereich, und auch in den Pokalwettbewerben traf er stetig. Dies hinderte den Verein jedoch nicht, schon in der frühen Phase der zweiten Spielzeit unter »Jogi« Löw mit dem rumänischen Internationalen Florin Raducioiu eine Alternative für den Sturmbereich zu holen, welcher jedoch über die Rolle des Edelreservisten nicht hinauskam. So schlecht kann Akpoborie also nicht gewesen sein.

Es entwickelte sich eine Saison, in welcher der VfB seine magischen Momente nun auf drei Wettbewerbe verteilen musste, da man sowohl national als auch international bis zum Schluss in den Pokalwettbewerben vertreten sein sollte. Die mannschaftliche und individuelle Klasse des Teams führte dazu, dass sich der VfB immer wieder aus schwierigen Situationen befreien und mit der Bilanz am Ende hoch zufrieden sein konnte.

Unmittelbare Meisterschaftschancen sollten sich im Gegensatz zum Vorjahr jedoch nicht ergeben, da Aufsteiger 1. FC Kaiserslautern vom Start weg wie aufgezogen spielte und der VfB auch die Big Points in den direkten Duellen gegen den späteren Meister nicht machen konnte. Bereits am sechsten Spieltag verlor der VfB nach einem der hinreißendsten Spiele zu jener Zeit mit 3:4 beim FCK. Zehn Punkte betrug der Rückstand in der Winterpause auf die Pfälzer und nach deren 1:0 vor 53.000 in Stuttgart war der Zug nach ganz vorne abgefahren.

Dennoch stand der VfB Stuttgart abermals für spektakulären Fußball, was sich alleine schon an den Ergebnissen erkennen ließ! Gegen den Hamburger SV wandelten die Schwaben in einer der eindrucksvollsten Aufholjagden einen 1:2-Rückstand in den letzten 20 Minuten in ein 5:2 um. In München lieferte man sich beim 3:3 einen offenen Fight, und abermals egalisierten die Bayern erst kurz vor dem Ende. Und dann gab es ja auch noch das unvergessene 4:3 »auf Schalke«: Nach einer Schwächephase Mitte der Rückrunde (unter anderem 1:6 in Leverkusen) war vor dem 30. Spieltag und der Partie in Gelsenkirchen mittlerweile sogar der UEFA-Cup-Platz in Gefahr. In einer dramatischen Partie drehte der VfB beim direkten Konkurrenten ein 2:3 in letzter Sekunde durch Verlaats Kopfball in einen Sieg um. Zweifacher Torschütze war übrigens Jonathan Akpoborie.

Nach einem 2:4 in Karlsruhe saßen die Schalker und auch Rostocker dem VfB jedoch wieder im Nacken. Neben ihrer spielerischen Genialität war bei den Roten jetzt also auch Nervenstärke gefragt, denn nur ein Sieg über Werder Bremen sollte einen Verbleib im europäischen Wettbewerb garantieren, zumal der VfB im Halbfinale des DFB-Pokals bereits nach 25 Minuten bei den Bayern die Segel gestrichen hatte und mit 0:3 ausschied. Es sollte der Beginn von gleich drei 0:3-Pleiten im Pokal in den folgenden Jahren in München sein. Eigentlich war man nach den erfolgreichen Nervenschlachten im Jahr des Pokalsieges davon ausgegangen, dass sich der VfB nun vielleicht zu einer Pokal-Mannschaft entwickeln könnte, doch bis heute ist Berlin nie wieder ein Ziel geworden.

Doch zurück zum Foto-Finish in der Bundesliga: 53.000 im Daimler-Stadion mussten hier bis zur 72. Minute verharren, ehe der aufstrebende Christian Djordjevic mit einem technischen Meisterstück das Spiel auf ein Tor entschied. Die Siege der Konkurrenz konnten dem VfB nichts mehr anhaben. Die Löw-Truppe hatte abermals den europäischen Wettbewerb erreicht und konnte sich jetzt noch die Krone aufsetzen: In der letzten »Ausgabe« des Europapokals der Pokalsieger hatte der VfB nach dem Weiterkommen über Vestmannaeyjar, Ekeren, Slavia Prag und Lokomotive Moskau das Stockholmer Endspiel gegen Londons aufstrebenden Nobelclub aus dem Stadtteil Chelsea erreicht! Zum zweiten Mal nach 1989 griffen die Stuttgarter nach europäischem Lorbeer und wurden im geschichtsträchtigen Rasunda-Stadion von 4000 Anhängern begleitet, denen 15.000 Blaue gegenüberstanden.

Wie auch damals gegen Neapel hätte der VfB den Titel holen können, doch nach besseren VfB-Chancen in der ersten Hälfte diktierten die »Blues« die zweite, und dennoch kam das entscheidende 1:0 durch den Italiener Zola Sekunden nach seiner Einwechslung in der 71. Minute irgendwie aus heiterem Himmel. Zuvor hatte Libero Murat Yakin als Verlaat-Ersatz die Verteidigung insgesamt gut zusammengehalten.

Dennoch würdigten über 10.000 Fans, die das Finale per Video-Übertragung in der Cannstatter Kurve verfolgt hatten, die Leistungen ihres Teams. Nur einer nicht – »MV«! Im Gegensatz zu vielen Anhängern, die den ehemaligen Präsidenten per se als rotes Tuch sehen, hatte ich immer eine Lanze für ihn gebrochen. Er führte den Verein aus den tiefsten Niederungen wieder zurück in die nationale Spitzenklasse (mit internationalen »Ausreißern« nach oben), und nicht viele Vereine können mit dieser 25-jährigen Bilanz mithalten. Dennoch war die Entlassung »Jogi« Löws ein Vorgang, wie es ihn selten im Fußball gegeben hat.

Natürlich ist die Spitze eines Vereins nicht dazu verpflichtet, der Anhängerschaft nach dem Mund zu reden, aber hier stellte sie sich direkt gegen die Interessen und Wünsche ihrer Klientel. Löw hatte sich eine enorme Popularität erarbeitet und die Erfolge konnten mit zwei vierten Plätzen und zwei erreichten Pokalendspielen eindeutiger nicht sein. Ich sehe in Löw bis heute den perfekten VfB-Trainer. Ein Trainer, der mit seiner angenehmen Art und Intelligenz den Schwaben wie auf den Leib geschnitten war und vielleicht als erster Coach in Cannstatt über einen sehr langen Zeitraum hätte verweilen können.

Die Anforderungsprofile MVs waren andere. Er bevorzugte den dominanten Typus eines Christoph Daum, welcher die Spieler an die Kandare zu nehmen versteht und dessen Rückkehr bis zum Ende der Mayer-Vorfelder-Ära immer wieder als Vision über dem Roten Haus schwebte. Dass Löw dem Team eher aus der Warte eines ehemaligen Spielers begegnete, führte dazu, dass einige ihm Autoritätsverlust vorwarfen und der dümmliche Slogan vom »netten Herrn Löw« die Runde machte. Die Wahrheit sieht wohl eher so aus, dass die Popularität hier als Bumerang zurückkam und sich einer der interessantesten Vertreter einer neuen Generation von Trainern die Papiere holen durfte.

»Jogi« Löws späterer Aufstieg zu einem der Hauptverantwortlichen für das Mega-Projekt 2006 verschafft sicher vielen VfB-Fans nachträgliche Genugtuung.

98/99: Von Schwaben, Badensern und dem »Wunder von Rotterdam«

Hätte sich jemand vorstellen können, dass durch die Bundesliga die Ursprünge und Zusammenhänge der historisch gewachsenen Rivalität zwischen Schwaben und Badensern noch einmal in den öffentlichen Fokus geraten sollten und die landsmannschaftlichen Ressentiments im Süden der Republik ein bundesweites Thema werden würden?

In Wirklichkeit war das Ganze eher konstruiert, ging es natürlich nicht wirklich um die badische Revolution und deren von Württemberg niedergeschlagenen Bauernaufstände von 1848 – die offen vorgetragene Anti-Haltung der VfB-Anhänger gegenüber dem »Gesandten Badens«, Winfried Schäfer, hatte eher Gründe, die im psychologischen Kontext zu finden waren.

Dass ausgerechnet der langjährige Tausendsassa des KSC Nachfolger vom populären Löw wurde, ließ bei den Stuttgarter Fans die Sicherungen durchbrennen und die Perspektiven auf eine fruchtbare Zusammenarbeit auf ein Minimum schrumpfen. Auch die Tatsache, dass die

Karlsruher nach erfolgreichen Jahren nun tatsächlich abgestiegen waren und es schon einen kleinen Bruch mit Schäfer gegeben hatte, ließ die Ressentiments nicht schmälern. Ende der neunziger Jahre formulierten die Fans ihre Anliegen und Kritiken in halt immer deutlicheren Formen, und schon vor Saisonbeginn war ein deutlicher Riss zwischen der Vereinsführung und der Anhängerschaft zu verzeichnen.

Dennoch gab es ein Geschehnis, welches kurzzeitig die Chancen erhöhte, dass Schäfer in Stuttgart den Durchbruch in die Herzen der Fans hätte schaffen können: das Wunder von Rotterdam!

Zum dritten Mal traf der VfB Stuttgart im Europapokal auf Feyernoord, und während das Daimler-Stadion wegen der Hooligan-Problematik zum Hochsicherheitstrakt ausgebaut worden war, lud der VfB die holländischen Spieler im Hinspiel zum Toreschießen ein. Nach dem 1:3 sinnierte der Rotterdamer Trainer-Guru Leo Beenhakker über die Schwächen des deutschen Fußballs, und die Tristesse schien ihren Lauf zu nehmen.

Was beim Rückspiel im »De Kuip« vor 50.000 folgte, war der größte Stuttgarter Paukenschlag im Europapokal: Mit einer spielerischen und taktischen Meisterleistung gab der VfB Beenhakkers Team Rätsel auf und Fredi Bobics Kullerball zum 3:0 in letzter Minute sorgte für Ekstase. Winnie Schäfer tänzelte über den historischen Rotterdamer Rasen und wirkte zum ersten Mal in seiner VfB-Zeit wie befreit. Dennoch konnte dieser Triumph nicht den nötigen Rückenwind verleihen, und vier Wochen später hieß Stuttgarts Trainer nicht mehr Winfried Schäfer!

Zunächst ließ der kämpferische Kraftakt in Brügge beim unglücklichen 2:3 nach Verlängerung mit zuletzt acht (!) Feldspielern vermuten, Trainer und Mannschaft hätten einen weiteren Schritt in Richtung

Einheit vollzogen. Ein 0:2 in Freiburg und das anschließende klägliche 0:3 im Pokal abermals in München ließen diese Basis jedoch schnell wieder zerbröckeln. Anfang Dezember unterwarf sich der Präsident den Wünschen und Strömungen des Fußballvolkes, und das vorausgesagte Szenario war eingetreten!

Sportlich gesehen scheiterte »Winnie« Schäfer in erster Linie daran, dem Mittelfeldspiel nicht die nötigen Konturen mitgegeben zu haben, hier herrschten zu große Wechselspiele. Neben dem uneingeschränkten Herrscher Balakov und seinem Adjutanten Poschner gaben sich hier in loser Reihenfolge die Lizstes, Carnell, Stoikowski, Rost, Thiam und Zeyer die Klinke in die Hand. Vor allem für Letztgenannten, zuletzt als Lenker des Pokalfinalisten MSV Duisburg in Erscheinung getreten, gab es keine klare Position, und Zeyer kehrte nach Saisonende auch an die Wedau zurück.

Überhaupt war der VfB-Kader in dieser Zeit zu aufgebläht, wurden vor allem kostspielige osteuropäische Transfers mit einer gegen null tendierenden Erfolgsquote getätigt. So trat die »mazedonische Fraktion« um Mitko Stoikovski und vor allem Zaharievski (null Einsätze!) praktisch nicht in Erscheinung und der Jugoslawe Markovic auch nur einmal, beim Siegtreffer gegen Schalke.

Nach der Entlassung Schäfers nahmen die Trainerbeschaffungsmaßnahmen am Wasen beinahe inflationäre Züge an. Zunächst übernahm Co-Trainer Wolfgang Rolff das Zepter und hatte zumindest beim 3:1-Auftaktspiel gegen Hamburg mit drei Akpoborie-Toren einen gelungenen Einstand. Nach der abgesprochenen Ablösung Rolffs durch Löw-Assistent Rainer Adrion waren in der Rückrunde keine großen Fortschritte erkennbar. Im Gegenteil: Nach dem 2:3 in Wolfsburg (nach 2:0-Führung!) strich dieser die Segel, und der bereits im Frühjahr verpflichtete Ralf Rangnick wurde im Eiltempo aus Ulm geholt, um den »worst case« zu verhindern. Nach der Niederlage in der Autostadt war man nur noch vier Punkte von den Abstiegsplätzen entfernt.

Doch auch Rangnick konnte die Tendenz nicht mehr stoppen, und so gehörten auch die letztjährigen Europacup-Finalisten um Wohlfarth, Verlaat, Balakov und Bobic zu jenen Teams, die am 29.5.99 das dramatischste Abstiegs-Finish der Bundesliga-Geschichte untereinander austragen sollten.

Der freie Fall in die bedrohlichsten Tabellenregionen schien für das verwöhnte Stuttgarter Publikum derart unwirklich, dass im entscheidenden Spiel gegen Bremen lediglich 36.000 kamen. Was vielen vielleicht nie bewusst wurde: Bei einer Niederlage gegen Bremen hätte der VfB damals tatsächlich kurz vor dem Absturz gestanden, hätte ihn nur noch das etwas bessere Torverhältnis gegenüber Freiburg retten können. Alle anderen hinter dem VfB rangierenden Teams – außer den Breisgauern – hatten gesiegt, und der 1. FC Nürnberg, welchen es nun erwischt hatte, stand vor dem letzten Spieltag noch vor den Schwaben. So beruhigte das frühe 1:0 von Bobic die Nerven, die Horrorvision eines Bremer Doppelschlages stand jedoch immer im Raum, obwohl von Werder an diesem Tage nichts kam.

Der erste Abstiegskampf nach dem Wiederaufstieg war gemeistert. Dennoch entsprachen die letzten Monate natürlich nicht dem Selbstanspruch des Publikums und schon gar nicht der Qualität des Kaders, denn zumindest die individuelle Klasse entsprach nicht der eines Abstiegskandidaten. Doch genau diese individuelle Klasse konnte nun nicht mehr in vollem Maße aufrechterhalten werden. Die Abwanderungswilligkeit einiger Spieler war durch die teils chaotischen Zustände im Laufe des Jahres sicher verstärkt worden, der Verein wiederum schien einem gewissen Schnitt nach dem Negativ-Lauf nicht abgeneigt zu sein. Der Verkauf der Leistungsträger Bobic, Verlaat und Poschner darf dennoch als Schnellschuss interpretiert werden.

Vor allem der Transfer Poschners nach Spanien mitten in der Saison kam einer Nacht-und-Nebel-Aktion gleich. Poschner war eine wichtige Ergänzung zu Balakov und bildete mit Verlaat und Bobic eine gesamte Achse im Team. Verlaat selbst kehrte nach drei insgesamt erfolgreichen Jahren in Stuttgart zu seinen Wurzeln nach Amsterdam zurück. Fredi Bobic hatten die Zwistigkeiten mit Schäfer wohl derart zugesetzt, dass ihm selbst der Abschied von seiner Jugendliebe VfB nun möglich erschien. Im Dunstkreis des Neckarstadions aufgewachsen, tat die Attraktivität der Dortmunder Offerte allerdings ihr Übriges.

Der VfB Stuttgart hatte neben drei Leistungsträgern auch absolute Identifikationsfiguren und Sympathieträger verloren, und von der glanzvollen Zeit unter Löw war vorerst nichts übrig geblieben. Man musste einfach konstatieren, dass die Mahner und Warner Recht behalten hatten, die nach der Löw-Entlassung darauf hingewiesen hatten, dass ein funktionierendes Gebilde ohne Not auseinander dividiert worden war. Die nationale Spitze mit München, Daums starken Leverkusenern und den aufstrebenden Berlinern war jedenfalls außer Reichweite gelangt, und den einzigen Lichtblick sah man darin, dass Neu-Trainer Ralf Rangnick mit dem Innenleben des Vereins gut vertraut war.

Der gebürtige Backnanger war bereits in den Achtzigern und bis 1994 Jugend-Trainer am Wasen und mit den Details der gleichartigen Spielsysteme von der Jugend bis zu den Profis in Stuttgart vertraut. Zudem hatte er in Ulm unter Beweis gestellt, eine Mannschaft sukzessive aufbauen und ihr vor allem das taktische Rüstzeug für die höhere Klasse mitgeben zu können.

92

Nach einer hektischen und von diversen Nebenkriegsschauplätzen begleiteten Saison sollte mit der Verpflichtung Rangnicks das Augenmerk also wieder vermehrt auf das Sportliche gelenkt werden.

99/00: Auswärts hui, zu Hause pfui

Zum ersten Mal konnte Ralf Rangnick also seine Vorstellungen und Pläne mit dem VfB Stuttgart zu verwirklichen versuchen, ohne den Zwängen und Nöten des Abstiegskampfes Tribut zollen zu müssen.

Rückblickend kann man feststellen, dass es im gesamten Fußballgeschäft selten einen Trainer gegeben hatte, dessen Philosophien und taktische Denkweisen derart explizit auf dem Rasen zum Vorschein kamen wie bei Rangnick. Bis hin zu den Ergebnissen, welche in dieser Saison einfach eine abstruse Tendenz nehmen sollten.

Schon in den Neuverpflichtungen spiegelten sich Rangnicks Philosophien wieder. Mit Außenläufer Heiko Gerber, Jens Todt und den Stürmern Ganea und Dundee wurden laufstarke Spieler geholt, die für die Vorgabe der ballorientierten Raumdeckung prädestiniert schienen. Eigentlich war mit dem Brasilianer »Didi« noch ein weiterer Stürmer verpflichtet worden. Hier stellte sich ein irreparabler Knieschaden aber erst nach der Verpflichtung heraus, nach Leeds ein zweiter Millionen-Irrtum.

Für Frank Verlaat hatte der VfB dagegen einen wahren Glücksgriff aus Brasilien geholt. Marcelo José Bordon sollte sich entgegen brasilianischen Neigungen sofort im europäischen Umfeld zu Hause fühlen und über Jahre hinweg zu einem erstklassigen Abwehrorganisator werden.

Insgesamt muss man sich fragen, ob die Philosophien des Ralf Rangnick auf den VfB Stuttgart zugeschnitten waren. Dieser Club hatte seine Stärken vor allem im heimischen Stadion immer daraus gewonnen, ein dominantes Spiel auszubauen und den Gegner nicht zur Entfaltung kommen zu lassen. Rangnicks »ballorientierte Raumdeckung« war zwar in sich eine aggressive, mit Forechecking verbundene Form der Gegnerbekämpfung, führte jedoch von der Grundhaltung her zu einer passiveren Einstellung, was die Spielgestaltung betrifft. Die Taktik war halt darauf ausgelegt, in erster Linie die Räume eng zu machen und den Gegner mit Pressing und Überzahlherstellung in Ballnähe in die Bredouille zu bringen und erst in zweiter Instanz darüber hinaus mit eigenen Nadelstichen in Form von Kontern selbst aktiv zu werden. Meines Erachtens wurde in der Rangnick-Ära die Grundlage dafür gelegt, dass der VfB sich in den letzten Jahren wie das Gros der Mannschaften zu einem eher reagierenden Team entwickelt hat. Selbst später in der Magath-Zeit sollte man nach Führungstreffern allzu oft die Kontrolle über das Spiel abgeben und sich nach dem anschließenden Verhalten des Gegners richten.

An gestalterischen Möglichkeiten mangelte es Ralf Rangnick jedenfalls nicht. Mit Balakov, dem aufstrebenden Lisztes und dem immer souveräner auftretenden Pablo Thiam war das Kreativzentrum stark besetzt, doch vor allem der VfB-Star fühlte sich durch die taktischen Fesseln, die das neue System mit sich brachte, eingeengt. Das laufintensive Verschieben an die Außenlinien machte auch vor Balakov nicht Halt, und dieser konnte die zentrale Position in der Spieleröffnung nicht mehr in der Ungezwungenheit ausüben wie zuvor. Dies führte dazu, dass die Chemie zwischen dem auf dem Platz extrovertierten Balakov und dem kollektiv denkenden Rangnick schnell nicht mehr die beste sein sollte. Auf der einen Seite stand der ballverliebte Bulgare, der die Fäden des Spiels zusammenhalten und das Tempo selbst bestimmen wollte, auf der anderen der Trainer, welcher in der Tradition früherer russischer Nationalmannschaften das Team als möglichst funktionierendes Gebilde sah. Und dazwischen stand quasi Christian Lisztes, der die vorgegebenen Laufwege des Trainers erfüllte, dem man aber immer den Vorwurf machte, sich hinter Balakov zu verstecken.

Auf frappierende Art und Weise spiegelten sich Rangnicks Philosophien wie gesagt dann auch in den Ergebnissen wider – sowohl bei den Auswärtssiegen (acht) als auch bei den Heimniederlagen (neun) wurden wohl Rekordmarken aufgestellt. Während der VfB in fremden Stadien in kürzester Zeit ein perfekt engmaschiges, zermürbendes Geflecht an ineinander greifenden Mannschaftsteilen umsetzten konnte, wurde er im Daimler-Stadion mit den eigenen Waffen geschlagen.

So hatte dann auch die Zwangsläufigkeit, in der den Auswärtssiegen Pleiten in heimischen Gefilden folgten, einen zermürbenden Charakter bei den Fans! So setzte es nach zwei 1:0-Erfolgen bei den Bayern und in Frankfurt ein 0:2 gegen Schalke, nach dem Derby-Sieg in Freiburg gab es im Dauerregen ein 1:3 gegen 1860, und einem 2:1 in Kaiserslautern folgte ein 2:5 gegen Wolfsburg.

Unter Rangnick schienen sich jahrelange Gesetzmäßigkeiten ins Gegenteil umzukehren. So wurden viele Serien gebrochen, und auch zwei Siege gegen die Münchner entsprachen nicht dem Normalzustand. Durch die demoralisierenden Heimniederlagen verlor der VfB zwar einige Zuschauer (25.000 kamen im Schnitt), doch durch die Stärke in der Fremde konnte der Kontakt zu den UEFA-Cup-Plätzen immer gewahrt bleiben, und vor dem letzten Spieltag waren die europäischen Visionen intakt.

Was folgte, war das unbeschreibliche Finale gegen Arminia Bielefeld: Einen Sieg vorausgesetzt hätte der VfB den UEFA-Cup erreicht gehabt, denn die Berliner und Lauterer verloren ihre letzten Spiele. Nach einem zwischenzeitlichen 3:0 (!) ließ auch das erste Tor der Arminen vor der Pause nicht erahnen, dass der VfB nach der Pause in Konfusion verfiel und in die Katastrophe stolperte – nach 90 Minuten hatte der Absteiger aus Ostwestfalen tatsächlich noch egalisiert, und die gesamte Aufbauarbeit dieser Saison war zerstört. Einige Vereins-Offizielle griffen Rangnick öffentlich an, und speziell die taktische Marschroute und die Einwechslungen im Spiel gegen Bielefeld riefen die Kritiker auf den Plan.

Es ist dem Verein hoch anzurechnen, dass er nicht erneut in Panik verfiel und den begonnenen Weg abreißen ließ – und er wurde belohnt. Nach Siegen über Neuchâtel, Lens, Lüttich und Auxerre hatte der VfB den UI-Cup gewonnen und war doch noch europäisch vertreten. Dies sorgte für eine Aufbruchstimmung am Neckar, die noch durch weitere Konstellationen gefördert wurde. Mit Karl-Heinz Förster (Sportmanager) und Hansi Müller (Marketing) kehrten zwei ehemalige Legenden in führende Positionen des Vereins zurück und sorgten nach dem Abschied Ulrich Schäfers als Geschäftsführer und dem bevorstehenden Ende der Ära Mayer-Vorfelder für einen Generationswechsel auf der Führungsebene des VfB.

Mit Pinto, Djordjevic, Carnell, Lisztes, Hosny, Ristic, Ganea und Hildebrand besaß der VfB entwicklungsfähige Spieler, und Ralf Rangnick schien in diesen Zusammenhängen der richtige Förderer zu sein. Durch das Erreichen der europäischen Fleischtöpfe war es zudem möglich, alle erfahrenen Leistungsträger zu halten. Lediglich Keeper Franz Wohlfart verließ den VfB nach vier Jahren und 118 Bundesligaspielen und kehrte nach Österreich zu Austria Wien zurück. Wohlfart war einer der Hauptgaranten für die Erfolgswelle unter Löw, hatte aber in Hildebrand einen Nachfolger gefunden, der trotz des Alters kein Risiko darstellen sollte.

Einen weiteren positiven Aspekt stellte die Fertigstellung der neuen Haupttribüne im Daimler-Stadion dar. Die gewaltige zweirangige Konstruktion mit exquisitem Innenleben verpflichtete den Verein zwar in den nächsten Jahren zu Rückzahlungen an die Stadt, doch summa summarum konnte der VfB Stuttgart fortan mit erheblichen Mehreinnahmen rechnen.

Es galt also, den eingeschlagenen sportlichen Weg den Gegebenheiten und Novitäten des Umfeldes anzupassen und den VfB Stuttgart für das neue Jahrtausend fit zu machen.

00/01: Rettung in vorletzter Sekunde

Was für die Anhänger der Bochumer, Duisburger oder mittlerweile auch Lauterer in den letzten Jahren zur Routine geworden ist, suchte in dieser zweiten Spielzeit unter Ralf Rangnick auch die VfB-Fans heim: Sie spürten plötzlich den eiskalten Hauch des Abstiegsgespenstes im Nacken.

Wie konnte diese Stuttgarter Mannschaft, der man eigentlich einen Entwicklungssprung zugetraut hatte, einem derartigen Super-GAU so nahe kommen? In erster Linie muss man feststellen, dass der VfB den erfolgreichen nationalen und internationalen Pokalauftritten in der Bundesliga Tribut zollen musste. So wurde der VfB Stuttgart im UEFA-Ranking hinter Bayern München als zweiterfolgreichster deutscher Club geführt, nachdem er im DFB-Pokal bis ins Halbfinale und im UEFA-Cup bis ins Achtelfinale vorgedrungen war.

In der Bundesliga stellten sich jedoch von Beginn an Unkonzentriertheiten und Inkonstanz ein. Die intensiven UI-Cup-Duelle in der Sommerpause schienen hier einen Substanzverlust hervorgerufen zu haben, der gleich beim 0:4-Auftakt beim SC Freiburg deutlich wurde. Die glanzvollen Siege gegen Leverkusen (4:1) und abermals die Bayern (2:1) in der Folgezeit beschwichtigten die Gemüter jedoch wieder. Wie überhaupt die Entwicklung in den Abstiegsstrudel hinein eine schleichende war: In der Hinrunde gab es außer der Auftakt-Schmach in Freiburg keine hohen Niederlagen. Die UEFA-Cup-Weiterkommen gegen Hearts of Midlothian, den FC Tirol und Feyenoord Rotterdam und die Siege im DFB-Pokal über Wuppertal, die eigenen Amateure (!), Hannover 96 und Freiburg überlagerten jedoch die Gefahr von zu vielen Remis und knappen, unglücklichen Niederlagen wie dem 1:2 in Cottbus.

Auch das 4:1 gegen Frankfurt kurz vor der Winterpause stärkte den VfB in seiner Überzeugung, in der zweiten Saisonhälfte verloren gegangenen Boden wieder wettmachen zu können, zumal die Qualitäten des Teams auf internationaler Ebene ja durchaus zum Vorschein kamen. Der Stuttgarter Kader war durchsetzt mit erfahrenen Spielern, welche die »Konkurrenz« in den unteren Regionen (Bochum, Frankfurt, Unterhaching, Cottbus) einfach in der Fülle nicht aufzubieten hatte und von denen man erwartete, diese gefährliche Situation händeln zu können: Die Soldo, Balakov, Todt, Thomas Schneider und Thiam schienen die Hauptgaranten dafür zu sein, sich schnell von hinten absetzen zu können. Vor allem Thiam hatte in seinem dritten VfB-Jahr einen großen Schritt nach vorne gemacht, zählte zu den Leadern in der Elf und zu einem der stärksten Defensiv-Allrounder der Liga.

Ein 0:4 zum Rückrundenauftakt jedoch ließ am Wasen die Alarmglocken schrillen, und mit dem Brasilianer Adhemar wurde noch einmal für den Sturm nachgerüstet. Während sich Vio Ganea hier aufgrund seiner Unberechenbarkeit zu einem passablen Angreifer entwickelt hatte, konnte Sean Dundee mit dieser Entwicklung nicht mithalten.

Im Nachhinein erscheint Adhemar wie ein Wink des Schicksals, ohne dessen sieben Tore der VfB den verzweifelten Abstiegskampf wohl verloren und eine gänzlich andere Entwicklung genommen hätte. Man kann nur den Scouts Hochachtung entgegenbringen, welche die Treffer des Shooting Stars vom Provinzclub São Caetano sichteten und ihre richtigen Konsequenzen daraus zogen!

Schon der Einstand Adhemars glich einer göttlichen Fügung: Beim 6:1 über die Lauterer erzielte das kleine Kraftpaket drei blitzsaubere Treffer und ließ den fast zwei Köpfe größeren Gegenspieler Lokvenc verdutzt zurück. In der Folgezeit erzielte der Brasilianer mit den Doppelpacks gegen Bremen und Wolfsburg weitere extrem wichtige Tore. Ob Adhemar jemals verstanden hat, was diese Tore wert waren?

Als allerdings auch der Kantersieg gegen den FCK keine Initialzündung auslösen konnte, zog man beim VfB nach dem UEFA-Cup-Aus bei Celta de Vigo die Konsequenzen und trennte sich von Ralf Rangnick. In dieser verfahren Situationen waren keine Geniestreiche an der Taktiktafel mehr gefragt, das Team benötigte einen gewaltigen Impuls von außen. Ein Ralf Rangnick mag ein Spiel lesen können wie kaum ein anderer, aber die Komponenten Leidenschaft und Esprit sind auch in den Zeiten, in denen dieser Sport zum Geschäft geworden ist, unumgänglich. Und diese Komponenten benötigte der VfB jetzt zum Überleben.

Zumindest war sicher, dass sich der neue Coach jetzt ganz auf die letzten zwölf Bundesliga-Spiele konzentrieren konnte, denn man war mittlerweile aus beiden Pokal-Wettbewerben ausgeschieden. Das Ausscheiden im DFB-Pokal-Halbfinale vor 35.000 gegen Schalke war zwar noch bitter, denn hier hätte nur noch das Finale nach der Saison gewartet. Eine Doppelbelastung hätte es nicht gegeben, Berlin wäre ein Trostpflaster gewesen, obwohl viele schon die »Vision Kaiserslautern« sahen, das 1996 als Pokalsieger abgestiegen war.

Das Scheitern an Celta Vigo war meines Erachtens jedoch der »Schlüssel« dafür, dass der Super-GAU vermieden werden konnte: Zwar hätte bei einem Weiterkommen der FC Barcelona gewartet, doch der Aufwand, der in den letzten Spielen in der Bundesliga betrieben werden musste, um das Ziel zu erreichen, wäre bei einem Weiterkommen gegen die Galicier nicht möglich gewesen. So stellte das 2:1 Vigos kurz vor Schluss wahrscheinlich den wichtigsten Gegentreffer in der Stuttgarter Fußballgeschichte dar. Im ersten Moment bitter, musste man hier wohl Grenzen ziehen zwischen internationalem Renommee und der unmittelbaren Zukunft auf nationaler Ebene.

Es begann also das Abenteuer des letzten Saisondrittels, auf welches alle gerne verzichtet hätten, was auf der anderen Seite aber Verein und Umfeld näher zusammenschweißte – wenn man wüsste, dass das Ganze einen positiven Ausgang haben sollte, ist diese Erfahrung jedem Verein und Anhänger irgendwann einmal zu »empfehlen.« Wie anders sind doch die Empfindungen bei eigenen Toren und denen des Gegners, als wenn es hier um das Erreichen eines »positiven« Zieles ginge.

Mit der Verpflichtung des bei Eintracht Frankfurt entlassenen Felix Magath war es gelungen, einen Trainer zu holen, der sowohl das Metier genau kannte wie auch als Motivationskünstler schon mehrfach in Erscheinung getreten war. Da niemand am Wasen zu diesem Zeitpunkt über den Sommer hinausdachte, waren die kurzen »Halbwertszeiten« Magaths vom »Feuerwehrmann« zum Geschassten in Bremen, Nürnberg und Frankfurt in keiner Weise relevant, zumal es ja zumindest in Nürnberg ein freiwilliger Rückzug aufgrund der Transferpolitik des Vereins war.

Magaths entscheidendste Handlung war, dass er Balakov sofort wieder zu seinem verlängerten Arm auf dem Spielfeld machte. Der ehemalige Hamburger Top-Regisseur und der bulgarische Stratege verfügten über die gleiche fußballerische Denkweise und vermittelten einem sofort das Gefühl eines gemeinsamen Handelns. Die Sicherheit dieser Phalanx sollte sich auf das gesamte Team übertragen, welches nun auch wieder eine klarere Struktur aufzuweisen hatte. Leidtragender war natürlich Kristian Lisztes. Der Ungar hatte sich tatsächlich zeitweise aus dem Schatten Balakovs herausgespielt und das Vorurteil bestätigt, dass er als alleiniger Regisseur das Spiel eher an sich reißt und Verantwortung übernimmt. In diesen Wochen der Degradierung müssen in dem Ungarn die Überlegungen dahingehend gereift sein, dass eine Zukunft in Stuttgart keinen Sinn mehr machen würde.

Zurück zu Felix Magath. Es hätte sicher nicht viele Trainer gegeben, die in dieser fast aussichtslosen Situation mit Timo Wenzel und vor allem Andreas Hinkel unerfahrene Spieler der Amateure in die verantwortungsvollen Außenverteidiger-Positionen gestellt hätten. Der gute Ruf der Stuttgarter Talentschmiede war zwar unter anderem durch das 6:1 (!) im Pokal über Eintracht Frankfurt in die Lande getragen worden, doch die Souveränität, mit der vor allem Hinkel das Vertrauen Magaths bestätigte, war schon erstaunlich. Hier kam erstmals direkt zum Ausdruck, dass in Stuttgart das »Amsterdamer Modell« gegriffen hatte, schon Spieler im jugendlichen Alter ausschließlich auf ihren späteren Positionen spielen zu lassen.

Dennoch gerieten vor allem die Heimspiele zu wahren Nervenschlachten, denn die Auswärtsschwäche hatte Siege im Daimler-Stadion unumgänglich gemacht. Gegen Wolfsburg, Bremen und vor allem Cottbus gab es hauchdünne Siege mit Pokalcharakter, und die Angst um jeden Punkt war bis unter die Zellmembran des Stadions zu verspüren. Vor allem die Spannung des direkten Duells gegen Energie Cottbus wurde in den letzten Minuten unerträglich, ehe Balakov mit seinem Elfmeter kurz vor Schluss die Seelenlage der Roten beruhigte.

Die Cannstatter Kurve versuchte auf ihre Weise »Druck abzulassen«, und das Feuerwerksspektakel des Cottbus-Spiels rief die Sicherheitsvertreter der Stadt auf den Plan und sollte einen Einschnitt in der pyrotechnischen Manie bei den Heimspielen darstellen.

Nachdem es im Abstiegskampf auch Rückschritte gegeben hatte (0:3 gegen Köln, 1:2 bei 1860 München), gingen die meisten von einem Finale um alles oder nichts am letzten Spieltag bei der Frankfurter Eintracht aus – doch dann kam der 12. Mai 2001, das letzte Heimspiel gegen Schalke.

Es war schon ein unbeschreibliches Gefühl, mit jedem Überschreiten der Mittellinie von Gegnerseite dem sportlichen Fiasko einen Schritt näher zu kommen. In dieser Phase hatte jeder Einwurf, jeder x-beliebige Kurzpass und jeder verlorene Zweikampf existentielle Bedeutung. Und da beruhigte es die 51.000 im Daimler-Stadion (darunter aber auch eine blau-weiße Invasion) auch nicht, dass der Titelkandidat aus Gelsenkirchen in ein seltsames Phlegma verfiel. Die kollektive Befreiung sollte sehr lange auf sich warten lassen …

Krassimir Balakovs wunderbar losgelöster 20-Meter-Strich in den Schalker Kasten in letzter Minute wird neben Guido Buchwalds Meister-Kopfball in Leverkusen wohl den bleibendsten Eindruck eines VfB-Tores in den Köpfen der Anhänger hinterlassen haben. Innerhalb einer Sekunde konnten alle Gedankenspiele, Rechenexempel und Horrorszenarien beiseite gelegt werden – der VfB Stuttgart war gerettet, ein Showdown im Waldstadion definitiv verhindert, und »Bala« hatte seinen langjährigen Supervertrag wahrscheinlich mit diesem einen Schuss wieder ausgezahlt!

Die Zukunft konnte beginnen! Neben einer talentierten Mannschaft und einem sich immer weiter entwickelnden Trainer lagen die Hoffnungen vor allem auch auf den Schultern von Rolf Rüssmann. Der ehemalige Profi und Gladbacher Manager hatte mit Beginn der Magath-Ära in Personalunion die Posten von Förster und Müller übernommen und zählte in Deutschland neben dem Münchner Rummenigge wahrscheinlich zu den profundesten Kennern des internationalen Fußballs. Rüssmann hatte einen unglaublich geschärften Blick sowohl für die Einschätzung von Spielern als auch für die gesamten Mechanismen des Geschäftes bis hin zu psychologischen Zusammenhängen. Seine Installation als Sportmanager sollte eine der wichtigsten Impulse von außen in der Geschichte dieses doch sehr schwäbisch geführten Vereines darstellen, und das sehr frühe Ende dieser Liaison war ein riesiger Verlust, der bis heute nachwirkt.

Einen großen Verlust in dieser Saison stellte zudem noch der Weggang Pablo Thiams dar. Der ehemalige Kölner konnte nach seiner Top-Saison den Münchner Verlockungen nicht widerstehen und tauschte seine unangefochtene Leader-Rolle hinter Balakov und Soldo mit der Reservisten-Rolle bei den Bayern. Welche weitere Entwicklung hätte Thiam wohl als Führungsfigur der neuen VfB-Jungspunde genommen? In Stuttgart hätte er jedenfalls eher im Rampenlicht gestanden, als dies in der Folgezeit der Fall war.

01/02: Magath im Jugendwahn

Die Crew um den seit 2000 im Amt stehenden neuen VfB-Präsidenten Manfred Haas hatte die Zeichen der Zeit einzuordnen verstanden. Der Verein hatte durch die Altlasten der ausgehenden neunziger Jahre finanziell keinen Spielraum mehr und war praktisch darauf angewiesen, dass das große Potenzial seiner Talente in kürzester Zeit zum Ausbruch kommen würde.

Hildebrand, Hinkel und Wenzel bestätigten vom Anpfiff weg den positiven Trend aus der Endphase des Abstiegskampfes. Schnell wurde jedoch klar, dass dem VfB eine weitere Kreativkraft neben Balakov im Mittelfeld fehlte – in den ersten Spielen blieb man torlos, konnte das Spiel überhaupt nicht in die Spitze tragen. Dort übrigens absolvierte ein gewisser Kevin Kuranyi am zweiten Spieltag in Hamburg einen Kurzeinsatz, ehe er für über ein Jahr wieder in Vergessenheit geriet.

Entstand der Begriff der »Jungen Wilden« auch erst einige Zeit später, war das Süd-Derby am vierten Spieltag in Nürnberg wohl die »Keimzelle« dieser neuen, aufregenden VfB-Generation an Himmelsstürmern, welche in die Fußstapfen der Kelsch, Müller und Förster treten sollte.

Magath trat der Offensiv-Flaute mit dem Experiment Alexander Hleb entgegen und lag damit goldrichtig. Der Weißrusse hatte in der Vorsaison nur wenige Minuten debütiert und feierte nun einen der eindrucksvollsten Auftritte eines jungen Spielers in der Geschichte der Bundesliga. Die spielerische Genialität und vor allem seine perfekte Beidfüßigkeit hoben ihn von Beginn an aus der Masse der Liga hervor. Verbunden mit seiner Explosivität und Unberechenbarkeit war er nach dem Abgang von Lisztes das gesuchte Pendant zu Balakov und führte den VfB als Spielgestalter und Rechtsaußen in einer Person zu einem umjubelten 4:2 beim »Club«.

In der Folgezeit entwickelte der VfB einen stürmischen Stil, der vor allem im Daimler-Stadion belohnt wurde. Das Duo Magath/Rüssmann ergänzte sich erstklassig, und auf dem Spielfeld machten neben den jungen Spielern vor allem Silvio Meißner, Jochen Seitz und Viorel Ganea große Sprünge nach vorne.

Meißner, nach Freund Gerber der zweite ehemalige Bielefelder im Team, übernahm jetzt mehr und mehr Jens Todts Rolle als Abfangjäger und entwickelte sich nebenbei mit acht Toren zum erfolgreichsten defensiven Mittelfeldspieler der Liga. Es deutete sich schon hier an, dass es in Deutschland nicht viele Fußballer gibt, die ihre Ziele mit einem derartigen Willen zu erreichen versuchen, wie der ehemalige Chemnitzer. Außer dem ehemaligen VfB'ler und jetzigen Bielefelder Rüdiger Kauf fällt mir kein Spieler ein, der seine spielerische Limitiertheit durch unbändiges Engagement derart auszugleichen weiß wie Silvio Meißner.

Jochen Seitz konnte unter Magaths Spielweise endlich wieder seine Stärken in die Waagschale werfen, die ihn in Unterhaching so stark gemacht hatten. Mit vielen Freiheiten ausgestattet, schoss er auf Linksaußen wie ein Pfeil auf und davon, und ein Großteil der Stuttgarter Konter liefen über ihn. Seitz holte auch viele der Standards heraus, die eine immer stärker werdende Waffe des VfB werden sollte.

Ganea schließlich hatte nicht mehr die großen Schwankungen seiner ersten beiden Jahre zu verzeichnen. In Magath hatte er einen Fürsprecher gefunden, während sich zwischen Dundee, Adhemar und dem aufkommenden Christian Tiffert ein Kampf um den zweiten Platz in der Spitze entwickelte. Dennoch gab es in Anbetracht der großen Tradition an Top-Angreifern eine ständige Diskussion um ein Stürmerproblem beim VfB.

Nachgebessert wurde in der Winterpause jedoch an anderer Stelle. Der Transfer des Defensiv-Allrounders Fernando Meira von Benfica Lissabon sollte der teuerste der Vereinsgeschichte sein und konnte in Zeiten finanzieller Engpässe nur über komplizierte Finanzierungsmodelle realisiert werden. Felix Magath hatte erfolgreich auf die VfB-Führung eingewirkt, einen fertigen internationalen Ausnahmespieler zu verpflichten, um nach dem erfolgreich eingeschlagenen Weg mit einer Vielzahl von herausragenden Talenten einen weiteren Schritt nach vorne machen zu können. Umso unverständlicher waren Magaths spätere Vorwürfe, dem VfB habe es an der nötigen Risikobereitschaft gefehlt, um ganz an die Spitze zu kommen. Ein Transfer der Größenordnung Meira zu diesem Zeitpunkt war wahrscheinlich das größte Risiko, das dieser Verein in seiner Transferpolitik je eingegangen war!

Meira selbst, dessen Transfer von Felgueiras zu Benfica bereits der teuerste innerhalb Portugals bis dahin war, wurde in der Anfangszeit an der Rekordablöse gemessen. Für Magath und Rüssmann galt es also nicht nur, die richtige Position für Meira im Team zu finden (eine bis heute nicht geklärte Frage), es ging auch darum, eventuelle Eifersüchteleien im Keim zu ersticken, um die glänzende Kameradschaft der Mannschaft nicht zu gefährden. Ein Erfolgsrezept des VfB war dann auch, dass es mit der portugiesisch-brasilianischen Fraktion um Meira, Bordon, Marques und Adhemar sowie den »Jungen Wilden« und den Alt-Stars zwar mehrere Cliquen, jedoch keine Abspaltungen gab.

Die Harmonie abseits des Platzes spiegelte sich auf dem Rasen wider. Geführt von Bordon, Soldo und Balakov, führte der VfB ein lustvolles, espritgeladenes Spektakel auf, wobei auch das taktische Verständnis der jungen Spieler (Hinkel!) schon auffallend ausgeprägt war.

Vor allem die Duelle mit dem späteren Meister Borussia Dortmund zeigten eindrucksvoll auf, dass in Stuttgart, ähnlich wie Ende der siebziger Jahre, etwas Besonderes im Entstehen war. Obwohl der VfB beim Hinspiel vor 66.000 im Westfalenstadion 0:1 unterlag, nötigten die traumhaft flüssigen Kombinationen selbst dem Europapokal-verwöhnten Dortmunder Publikum verwunderte Reaktionen und Respekt ab. Sammers BVB wirkte gegenüber der Stuttgarter Eleganz wie ein Auslaufmodell. Trotz des späteren Titels der Borussen verfestigte sich dieser Eindruck auch nach dem Rückspiel, als 45.000 am Ostersamstag im Daimler-Stadion ein turbulentes 3:2 feierten. Hier waren mehr als nur die Spurenelemente eines neuen Top-Teams zu erkennen!

Schachspieler Magath war es gelungen, die richtige Mixtur aus einer hervorragenden Organisation und einer spielerischen Leichtigkeit zu finden, in der die einzelnen Spieler ihre Individualität frei ausleben konnten. Zudem hatte er seine Kritiker widerlegt, die in ihm nur einen kurzzeitigen Motivator sahen. Magath hatte erstmals die Chance bekommen, ein Bundesliga-Team selbst zu formen, und obwohl die Gestaltungsmöglichkeiten durch den finanziellen Background begrenzt waren, gelang es ihm.

Natürlich profitierte der gebürtige Aschaffenburger auch davon, dass die über die letzten 30 Jahre erfolgreichste Jugendarbeit Deutschlands in dieser Phase selbst für Stuttgarter Verhältnisse übermäßig gute Erträge abwarf und an die goldenen Endsiebziger anknüpfen konnte. Neben Hildebrand, Hinkel, Hleb, Wenzel und Tiffert standen nun auch Kuranyi, Amanatidis und Dangelmayr auf dem Sprung zu den Profis. Und mit Adnan Masic, Michael Fink, Benjamin Adrion, Florian Lechner, Tobias Rathgeb und Felix Luz standen in der Amateurelf des VfB gleich eine Reihe von Spielern, die in den folgenden Jahren den Ruf des unablässig sprudelnden Stuttgarter Jungbrunnens in die Lande tragen sollten und zumindest im unteren Profi-Bereich Fuß fassten.

So diente das Beispiel VfB Stuttgart spätestens ab dieser Zeit als Vorbild für all jene Clubs, die in der Folgezeit finanziell mit dem Rücken zur Wand standen und über Alternativ-Modelle nachdachten, ihre Kader preisgünstig auszustatten. Obwohl es so einfach sicher auch nicht war. In Cannstatt werden halt nicht nur die Talente einer Region zusammengezogen, sondern eines ganzen Bundeslandes und darüber hinaus. Für Talente im süddeutschen Raum kommen in allererster

Linie halt Bayern München und der VfB Stuttgart als Anziehungspunkte in Frage, und das Scouting-System und die Infrastrukturen in Bad Cannstatt waren über viele Jahre gewachsen und der Konkurrenz in den meisten Fällen voraus. So gibt es ja erst seit einigen Jahren in der Bundesliga die Verpflichtung von Jugend-Häusern, während dieses beim VfB schon in den siebziger Jahren existierte. Zudem waren die »Jungen Wilden« sicher nicht irgendwelche Talente. Zumindest zu Beginn erweckte ihr großes Talent Erinnerungen an die Münchner Emporkömmlinge Maier, Müller und Beckenbauer Ende der sechziger Jahre.

Und drittens kann sicher nicht jeder Verein auf eine derart starke Gruppe von erfahrenen Spielern zurückgreifen, welche die Jungen damals führte und auch weiterhin das Gerüst bildete: Vor allem Balakov und Soldo arbeiteten in ihren reifem Fußballalter nun immer mehr mit dem Auge und versuchten, die Wildheit eines Hleb in eine rationelle Spielweise umzuwandeln, ohne die Stärken des Weißrussen zu beschneiden. Aber auch Silvio Meißner und die noch relativ jungen Bordon und Meira stellten schon Eckpunkte dar, an denen sich die neue Generation orientieren konnte.

Exemplarisch für die neu gewonnene Charakterstärke des Teams stand die Sommerpause, die streng genommen ausfiel. Zunächst gab es wochenlange Diskussionen über einen prozentualen Gehaltsverzicht der Spieler aufgrund der weiterhin angespannten Finanzlage des Vereins. Dies hatte jedoch keine Auswirkungen auf die Vorstellungen des VfB im UI-Cup, die VfB'ler beantworteten die Fragen nach neuen Einnahmequellen quasi auf dem Rasen. Nach den Weiterkommen über Lokeren, Perugia und Belupo stand der VfB im Finale und zog nach hartem Kampf gegen den OSC Lille nach 2000 zum zweiten Mal noch in den UEFA-Cup ein!

108

Zu dieser Zeit waren die Einnahmemöglichkeiten im UEFA-Cup nicht mehr mit denen Mitte der neunziger Jahre vergleichbar und im Prinzip stand fest, dass sich der VfB Stuttgart auch vor der neuen Saison nicht groß würde verstärken können. Dies sorgte jedoch am Wasen für wenig Verdruss – man war einfach gespannt, welchen weiteren Weg die Shooting Stars gehen würden.

02/03: 15 Minuten bis zur Ewigkeit

Die letzten Minuten dieser Saison waren eigentlich das Gegenteil des Meisterschafts-Finish in Leverkusen 1992: Hatte man sich damals im Haberland-Stadion dem entscheidenden zweiten Tor entgegengesehnt, so richteten sich die Stoßgebete jetzt gegen einen möglichen Treffer.

Die 50.000 waren bei diesem Showdown allerdings mit ihren Gedanken und Wünschen nur noch körperlich im Daimler-Stadion anwesend. Mit 2:0 hatte der VfB seine Pflichtaufgabe gegen Wolfsburg erledigt, und nun harrte die gesamte Anhängerschaft des Vereins in nah und fern der Dinge, die im 420 Kilometer entfernten Dortmund abliefen. Eine Viertelstunde vor Schluss hatte dort der ehemalige VfB'ler Timo Rost im Trikot von Absteiger Energie Cottbus zum 1:1 eingeköpft – dieses Remis würde den VfB Stuttgart sensationell in die Champions League katapultieren.

Die Erfolgsstory der »Jungen Wilden« wäre um ein unglaubliches Kapitel erweitert worden, welches vor diesem letzten Spieltag für fast ausgeschlossen galt. Okay, der BVB hatte schon in der Vergangenheit Probleme mit der Spielgestaltung gegen defensive Gegner. Aber ein Meister, der sich von einem Absteiger das Minimalziel zerstören lässt, diese Vision hatten weder die Dortmunder Fans noch die des VfB. Selbst als nach dem 1:0 der Borussia keine weiteren Meldungen nach

Stuttgart vordrangen, sah man die Wolfsburg-Partie eher unter dem Aspekt des letzten Balakov-Auftritts im VfB-Trikot.

Das 1:1 veränderte alles: Nach dem Urschrei über die Bekanntgabe via Video-Leinwand schienen die 50.000 eine innere Einkehr zu halten. Es wurde still. Die unglaubliche Tragweite dieser beiden Ergebnisse setzte sich langsam in den Köpfen fest, und ein jeder hörte nur noch sein Herz pochen und den Puls vibrieren. Die Geschehnisse auf dem heimischen Rasen liefen wie in Trance an einem vorbei, während den Fantasien und Gedankenspielen über die aktuellen Geschehnisse im Westfalen-Stadion keine Grenzen gesetzt waren. Niemand konnte sich vorstellen, dass die Cottbusser der finalen Sturmwelle des Meisters standhalten könnten, und erwarteten sekündlich die Hiobsbotschaft auf den letzten Metern. Doch es passierte nichts – bis zur 92. Minute. Im Daimler-Stadion war schon abgepfiffen worden, als die Radiogeräte das Blut in den Adern noch einmal gefrieren ließen: »Angriff BVB, Schuss aus zwei Metern, vorbei!«

Wieder einmal hatten im Fußball Zentimeter entschieden über die totale Frustration und grenzenlose Ekstase! Während dieser Fehlschuss der Anfang des Dortmunder Absturzes vom europäischen Vorzeigeclub zum dauerhaften Problemkind in der Bundesliga sein sollte, stellten die Gefühle im Daimler-Stadion alles in den Schatten, was man bisher hier erlebt hatte. Man darf ja nicht vergessen: Die Titel 1984 und 1992 wurden auswärts eingefahren, und so stellte die direkte Qualifikation für die Champions League quasi ein Novum an Emotion dar, und viele schlossen in diesem Moment auch »ihren Frieden« mit Leeds.

Diese Viertelstunde und ihr Wahnsinnsende waren in ihrer Komprimiertheit und den vielseitigsten Aspekten, die sie auslösten, unbeschreiblich! Der Verein hatte in diesem Moment die drückenden Schuldenprobleme, welche zeitweise sogar die Existenz in Frage stellten, in den Griff bekommen. Plötzlich waren Traumvorstellungen mit Spielen gegen Real Madrid, Manchester United oder den AC Mailand realistisch geworden. Und mit Borussia Dortmund hatte man einen Konkurrenten hinter sich gelassen, welcher einem in den Folgejahren von Meisterschaft und Leeds-Desaster und dessen Konsequenzen schon etwas die Show gestohlen hatte.

Nach den ersten Spieltagen waren die finalen Sektduschen und Veitstänze noch nicht abzusehen. Nach fünf sieglosen Auftakt-Partien (darunter vier 1:1) hinterfragten viele, ob neben der Rückholaktion Amanatidis' aus Fürth nicht doch weitere Verstärkungen vonnöten gewesen wären.

Abermals beantwortete der Verein die Mini-Krise mit seinem Faustpfand Talentschmiede, und nach Hlebs Nürnberger Durchbruch im Vorjahr hatte nun ein gewisser Kevin Kuranyi seinen kometenhaften Aufstieg. Beim 3:0 gegen Arminia Bielefeld schoss der mit drei Nationalitäten (Brasilien, Panama, Deutschland, ungarische Wurzeln) ausgestattete Mittelstürmer alle Treffer und entwickelte sich neben dem immer stärker werdenden Ioannis Amanatidis zum neuen Angriffsstern, welcher auch sofort von den Medien in besonderem Maße gehypt wurde. Sean Dundee und jetzt auch Vio Ganea mussten sich dagegen immer mehr mit der Joker-Rolle begnügen.

Das Bielefeld-Spiel bedeutete jedoch nicht nur für Kuranyi den Durchbruch, das gesamte Team legte gegenüber der guten Vorsaison noch einmal zu. Die perfekte Abstimmung innerhalb des Defensiv-Verbundes mit der Viererkette Hinkel, Bordon, Meira und Gerber sowie Soldo und Meißner davor ließ Hleb, Kuranyi und Ammanatidis viele Freiheiten, und Erinnerungen an das »Magische Dreieck« kamen auf.

Die neue spielerische Herrlichkeit wurde vom Stuttgarter Publikum ab der Partie gegen Hannover 96 honoriert. Dieser 14. Spieltag Anfang November 2003 steht bis heute für die Wiedergeburt des Publikumsmagneten VfB Stuttgart, obwohl die den Roten angedichtete Zuschauermisere eigentlich nur von 1999 bis 2003 anhielt. In dieser Zeit hatte Stuttgart von den deutschen Großstädten die geringsten Zahlen, und es wurde vergessen, dass der VfB unter den Top 5 der ewigen deutschen Zuschauer-Rangliste zu finden ist, gleich im ersten Jahr 1963 den höchsten Schnitt hatte (über 40.000) und fast 20 Jahre den Rekord von 1977 verteidigen konnte. Gegen Hannover kamen jedenfalls 46.000, und der bundesweite Hype um die »Jungen Wilden« aus Bad Cannstatt hatte endgültig eingesetzt.

Vor allem die unwiderstehlichen Dribblings und 50-Meter-Slalomläufe eines Alexander Hleb versetzten die Fans landesweit in Verzückung. Zu lange hatte man auf einen derartigen Spielertypus warten müssen, dem Konventionen und taktische Fesseln nichts anhaben können und der dennoch wertvoll für das Team ist. So war es auch beeindruckend zu sehen, wie sich der Esprit Hlebs und die geniale Spielübersicht Balakovs ergänzten.

Aber auch auf anderen Positionen waren die Qualitätssprünge unübersehbar, und erstmals nach Jahren fanden sich VfB'ler in der Nationalmannschaft wieder. Nachdem Alexander Hleb bereits seit 2002 für Weißrussland aufgelaufen war, debütierte Kevin Kuranyi im März 03 in Litauen und Andreas Hinkel im April 03 in Bremen gegen Serbien-Montenegro. Timo Hildebrand fand den Weg in den Kader, feierte seinen Einstand aufgrund der großen Konkurrenz allerdings erst anderthalb Jahre später.

Und auch die internationalen Auftritte förderten das positive Image des VfB, der diesmal noch mehr für Aufsehen sorgte als zwei Jahre zuvor, als er ebenfalls vom UI-Cup aus bis ins Achtelfinale vorstieß. Waren die Weiterkommen gegen Ventpils und Budapest noch Pflichtaufgaben, so gab es gegen den FC Brügge eine eindrucksvolle Revanche für das vier Jahre zuvor erlittene bittere Aus. Im Achtelfinale trafen die Cannstatter dann auf Celtic Glasgow, und es begann eine Serie von Auseinandersetzungen mit den höchstdekorierten Teams von der Insel. Der markerschütternde traditionsreiche Schrei der 60.000 im Celtic-Park vor Spielbeginn gehört sicherlich zu den beeindruckendsten Momenten im Weltfußball. Hier kommt der archaische Grundcharakter des Spieles vollkommen zum Ausdruck. Aber auch im Rückspiel untermauerten über 10.000 angereiste Celtics ihre Ausnahmestellung in der Welt der Fans und verwandelten Stuttgarts Schlossplatz (der später auch noch von den Rangers und den ManU-Fans für seine Schönheit gewürdigt wurde) in eine grün-weiße Oase. Sportlich gesehen hatte der VfB in Glasgow einen tollen Start, verlor aber nach einer Roten Karte für Bordon das Gleichgewicht und unterlag 1:3. Im Rückspiel lag man vor unglaublicher Kulisse prompt 0:2 zurück, ehe der VfB den Rest der Partie wirbelte und noch 3:2 siegte. Vor allem die letzte halbe Stunde war furios, und viele meinen bis heute, bei einer um zehn Minuten verlängerten Spielzeit wäre das nötige 5:2 möglich gewesen. Auch auf europäischer Ebene hatten die Stuttgarter Darbietungen also das gewisse Etwas.

In der Bundesliga gab es neben großartigen Siegen (1:0 gegen Dortmund, 3:0 gegen Leverkusen, 4:0 gegen Gladbach, das eminent wichtige 3:2 in Cottbus) natürlich auch einige Rückschläge, und die im Endeffekt 59 Punkte hatten seit der Dreipunkteregelung erstmals für Rang 2 ausgereicht – nachdem der VfB Ende der Neunziger zweimal Vierter war und diese Plätze erst kurze Zeit später für die Champions-League-Qualifikation berechtigten, gab es hier vielleicht einen leichten »Ausgleich«.

Bei all der Euphorie am Saisonende sollte jedoch nicht übersehen werden, dass es in der Winterpause eine Entscheidung gegeben hatte, die nun überlagert wurde, deren Tragweite und Auswirkung aber später immer wieder zum Vorschein kam. Nach Querelen mit der Marketingabteilung und dem Sponsor trennte sich der VfB von Manager Rolf Rüssmann. Rüssmann hatte auf eine höher dotierte Vertragsverlängerung mit dem von ihm hoch geschätzten Soldo gedrängt und damit Schiffbruch erlitten. Wenn man sich überlegt, dass der VfB-Kapitän noch Jahre danach ein wichtiger Bestandteil ist, gingen die Überlegungen des Managers wohl in die richtige Richtung. Auch von Magath bekam Rüssmann keine Unterstützung, obwohl seine Forderungen ja im Interesse des Trainers lagen. Ein Mann mit der Klasse eines Rolf Rüssmann auf dieser Position ging dem VfB jedenfalls in der Folgezeit ab und wäre ein entscheidender Gegenspieler beispielsweise zu einem Klaus Allofs in Bremen gewesen.

Doch zunächst überlagerten, wie gesagt, die Jubelarien am Neckar alles. Ein Verein feierte sich selbst – und verabschiedete einen seiner größten Spieler mit einer rauschenden Party: Vor über 40.000 im Daimler-Stadion erhielt Krassimir Balakov den fulminantesten Abschiedsgruß, der je einem Stuttgarter Spieler zuteil wurde. Die stimmungsvolle Gala mit beeindruckender Choreographie brachte zum Ausdruck, welchen Stellenwert sich Balakov in den acht Jahren in Stuttgart erarbeitet hatte. Außer Sigurvinsson gab es nie zuvor einen Spieler beim VfB, der den Stil des Clubs derart geprägt hatte wie »Bala«.

Außer Balakov verließen auch Jens Todt, Thomas Schneider und die Angreifer Ganea, Dundee und Seitz den Verein, sodass vor allem im Sturmbereich Alternativen zu Kuranyi und Amanatidis gesucht werden mussten.

03/04: Der VfB verliert ManU wieder aus den Augen

Entgegen vielen Expertenmeinungen, der VfB Stuttgart könne Probleme mit dem Spagat zwischen Bundesliga und Champions League bekommen, legte der VfB einen Blitzstart hin, welcher selbst kühnste Optimisten überraschte!

Bis zum neunten (!) Spieltag blieb Timo Hildebrand ohne Gegentreffer, ein einmaliger Rekord in der Geschichte der Bundesliga. Und eigentlich war das Ende dieser imponierenden Serie »irregulär«, denn der Bremer Treffer beim 3:1 des VfB im Weserstadion entsprang einer Hereingabe, welche bereits die Torauslinie überschritten hatte.

Mit dem Ungarn Imre Szabics und dem Brasilianer Cacau, der in den letzten Jahren einen Sprung von der fünften Liga in die Bundesliga geschafft hatte, hatte man hervorragende Stürmer verpflichtet, die nun von der Verletzung Amanatidis' profitierten. Vor allem Szabics gaben seine beiden Tore beim Auftaktsieg in Rostock enormen Auftrieb. Der Ungar war praktisch ein verkappter offensiver Mittelfeldspieler und somit eine perfekte Ergänzung zur Speerspitze Kuranyi.

Ein Glücksgriff stellte das Ausleihgeschäft Phillipp Lahms dar. Von Hermann Gerland in München hervorragend ausgebildet, konnte man schon fast nicht mehr von einem Talent sprechen. Die Bewegungsabläufe, das taktische Verhalten und die ausgereifte Beidfüßigkeit des 19-Jährigen erinnerten eher an einen erfahrenen internationalen Top-Verteidiger und stellten selbst den damaligen Start eines Andreas Hinkel in den Schatten. Dennoch muss man feststellen, dass infolge des tollen Einstands von Lahm die Verdienste Heiko Gerbers in der Vorsaison nicht gebührend gewürdigt wurden. Auch der Linksverteidiger war ein wichtiger Bestandteil auf dem Vormarsch in die Königsklasse, hatte nach seiner Verletzung aber keine Chance mehr gegen den Aufsteiger

Lahm. Allerdings stand von Anfang an fest, dass Lahm nach zwei Jahren beim VfB an die Isar zurückkehren würde.

Die Mannschaftsteile griffen beim VfB vom Start weg in beinahe schon beängstigender Perfektion ineinander. Bordon und Meira waren mit ihrer Athletik, Spielübersicht und Laufstärke zu einem Innenverteidiger-Duo internationalen Zuschnitts geworden. Hinkel und vor allem Lahm kurbelten das Spiel immer wieder über die Außen an, und in der zentralen Mittelfeld-Position war dem Verein ein Coup gelungen, wurde nach dem Abgang Balakovs eine interne Lösung gefunden. Es war schon beeindruckend, in welcher Art und Weise sich Horst Heldt und Alexander Hleb hier ergänzten. Der in der letzten Winterpause geholte Heldt war eigentlich als Ergänzungsspieler geholt worden und übernahm auf der wichtigen gestalterischen Position nun immer mehr Verantwortung. Heldt dirigierte, bestimmte das Tempo und spielte haargenaue Pässe in die Spitze. Alexander Hleb profitierte wie auch unter Balakov von der Erfahrung des Ex-Kölners und war weiterhin mit allen Freiheiten ausgestattet.

Nach der erfolgreichen Pflicht in der Bundesliga-Startphase konnte die Kür, das Abenteuer Champions League, beginnen. Nach dem unglücklichen Auftakt mit dem 1:2 in Glasgow, diesmal bei den Rangers im Ibrox-Park, fieberte der Großraum Stuttgart dem zweiten Gruppenspiel gegen Manchester United entgegen. Gleich nach der Auslosung war klar, dass die Auseinandersetzung mit den Engländern neben dem Finale gegen Neapel das höchstdekorierte fußballerische Event werden würde, welches der VfB Stuttgart seinen Anhängern jemals bieten konnte (Pelés Auftritt mit dem FC Santos Anfang der sechziger Jahre war ja nur ein freundschaftlicher). Diese Partie gegen ManU sollte weltweit im Blickpunkt stehen, denn der reichste Club der Welt hatte in den letzten Jahren ein kontinentübergreifendes Fan-Potenzial aufbauen können, und die Bilder aus

116

dem Daimler-Stadion sollten in die entlegensten Ecken des Planeten übertragen werden.

Die Stimmung in der Stadt war grundlegend anders als vor einer x-beliebigen Partie, einfach elektrisierend. Der ganz große Fußball hielt endlich Einzug in Stuttgart, und irgendwie war es interessant zu betrachten, wie der große Gegner der schwäbischen Fußballwelt begegnete. So merkte man dem britischen Tross trotz seiner jahrelangen Erfahrung auf Europas Fußballfeldern an, dass Stuttgart etwas Außergewöhnliches, etwas Neues darstellte. Vor allem die Architektur und weitläufige Großzügigkeit des Daimler-Stadions begeisterte die Vertreter Manchesters. Sicherlich absurd aus der Sicht der VfB-Fans, die seit Jahren für die Neugestaltung der Arena nach »britischem Vorbild« kämpften.

Auch für die ManU-Supporters kam der Trip nach »Stuhgat« einem Kulturschock gleich. Mit großen Augen betrachteten sie das Lichtermeer des Cannstatter Wasens, und lediglich die leichten Nebelschwaden, aus denen heraus sich die Massen vom zweitgrößten Volksfest der Welt Richtung Stadion schoben, vermittelten ihnen wohl ein gewohntes Gefühl. Auch im Daimler-Stadion empfing die Briten eine Atmosphäre, welche auf der Insel selbst schon seit Jahren in den seltensten Fällen noch anzutreffen ist: Beim Auflauf der Teams gab es neben einer grandiosen Choreographie einen markerschütternden Aufschrei der Massen, welcher einem Torschrei schon sehr nahe kam. Alleine in dieser Begrüßung dokumentierte sich der Respekt der Stuttgarter gegenüber dem Weg, den ihre junge Mannschaft in den letzten anderthalb Jahren nach Magaths Einstieg gegangen war.

So war der Weg praktisch das Ziel zu diesem Highlight, und selbst eine Niederlage hätte dem VfB diese Nacht nicht mehr nehmen können – doch bekanntlich kam es ja ganz anders! Wie von Geisterhand gezogen fanden die Bälle von Szabics und Kuranyi ihr Ziel, und der VfB schwang sich zu einer gespenstisch-schönen Darbietung auf, die der Gegner »in dieser Form« nicht erwartet hatte. Vor allem Heldt, Lahm, Hleb, Bordon und Meira wuchsen über sich hinaus, obwohl Letztgenannter kurz vor Schluss den Adrenalinausstoß mit seinem verschossenen Elfmeter zusätzlich förderte. Das Publikum ließ sich in diesem Strom der Leidenschaft treiben, und niemals zuvor war der Geräuschpegel in dieser Leichtathletik-Schüssel derart eindrucksvoll.

Als nach dem Schlusspfiff die unglaubliche Spannung bei allen Beteiligten abfiel, konnte man die Tragweite dieses 2:1 noch gar nicht ermessen. Der Sieg, und vor allem dessen Art und Weise, wurde im deutschen und europäischen Blätterwald in den höchsten Tönen herausgestellt. Konsens war, dass die Mischung aus spielerischer Eleganz mit der Grundlage taktischer Intelligenz ein Beispiel für einen Fußball »modernster Prägung« gewesen sei. Und die turbulente Europapokal-Nacht mit ihrer Klasse und ihren Kapriolen hatte dem VfB das lange erhoffte »TV-Highlight« gebracht, welches dem Verein einen nochmaligen deutschlandweiten Popularitätsschub geben sollte. Solch eine überregional beachtete Sternstunde, wie sie die Bremer, Münchner, Gladbacher, Dortmunder oder Schalker in der Vergangenheit schon des Öfteren gehabt hatten, hatte dem Verein ohne Frage noch gefehlt. Und gerade die Tatsache, dass weder die Nationalelf noch der Club-Fußball in letzter Zeit positiv hatten auf sich aufmerksam machen können, ließ den VfB-Triumph noch besser zur Geltung kommen.

Auch im Tagesgeschäft Bundesliga ging der VfB weiter konzentriert seinen Weg, bis es zum Ende der Hinrunde zum ungünstigsten Zeitpunkt den befürchteten Einbruch ausgerechnet gegen die direkte Konkurrenz gab. Die Niederlagen in München und gegen Leverkusen hatten allerdings vollkommen unterschiedliche Gründe. Im Olympia-Stadion legte der VfB eine erstklassige Partie aufs Parkett und musste sich nach eindeutiger Überlegenheit erneut dem Pragmatismus der Bayern beugen. Makaays Tor und die anschließenden Tänze von Hoeneß an der Außenlinie, bestückt mit seiner »Bommel«-Mütze, waren schon schwer zu ertragen. Bei der Heimniederlage gegen Leverkusen war dann allerdings auch erstmals ein Kräfteverschleiß spürbar. Es gab auch nicht wenige unter den Anhängern, welche die Turbulenzen und Unruhen um die wochenlangen Vertragsverhandlungen um die Jung-Stars Hinkel und Kuranyi für den Einbruch verantwortlich machten.

Auch nach dem Einlenken der beiden gab es in der Rückrunde immer wieder eigens produzierte Störmanöver, denn jetzt war plötzlich die Zukunft des Trainers ungewiss. Nachdem Magath im Sommer ein Schalker Angebot ausgeschlagen hatte, wurde nun ein möglicher Wechsel nach München immer heißer diskutiert. Magath ließ in der Vergangenheit und auch jetzt immer wieder durchblicken, dass er eine weitere Verbesserung des Kaders für unumgänglich hielt, und forcierte diese Forderungen, nachdem der VfB auch mäßig aus der Winterpause gestartet war.

Trotz dieser Nebenkriegsschauplätze gelang es dem VfB dennoch, wieder in die Spur zu kommen. Auslöser war ein 2:0 in Dortmund, welches auch noch einmal Hoffnung für das Achtelfinal-Rückspiel in Chelsea aufkommen ließ. Nach dem glorreichen Abschneiden in der Vorrunde mit weiteren Siegen gegen Glasgow und zweimal Athen war man nach dem Stockholmer Finale 98 erneut auf die Londoner getroffen und hatte das Hinspiel im Daimler-Stadion durch Meiras Eigentor mehr als unglücklich verloren. Auch an der Stanford Bridge dominierten 3000 Stuttgarter und ihr Team größtenteils die Szenerie, doch die nüchternen Londoner konnten das 0:0 über die Zeit retten. In den britischen Medien wurde das espritvolle Spiel des Gastes hervorgehoben und vor allem die spektakuläre Spielweise eines Hleb in höchsten Tönen gelobt. Wahrscheinlich war dieser Abend ausschlaggebend für den späteren Wechsel des Weißrussen zum Lokalrivalen Arsenal.

Die Königsklasse hatte die VfB'ler jedenfalls auf den Geschmack kommen lassen, und oberste Priorität hatte jetzt der Schlussspurt in der Bundesliga, um dieses Ziel erneut zu erreichen. Nach furiosen Auftritten wie dem 4:4 gegen Bremen im hinreißendsten Spiel des neuen Jahrtausends oder dem 5:1 in Wolfsburg schien man auf einem guten Weg zu sein, ehe das völlig unverständliche 1:2 in Hamburg am 32. Spieltag einen bösen, letztlich entscheidenden Rückschlag darstellte. Selbst ein 3:1 gegen die Bayern am vorletzten Spieltag konnte somit ein Endspiel um die Champions-League-Qualifikation (Platz 3) in Leverkusen nicht mehr verhindern, denn Bayer 04 hatte parallel mit 6:2 (!) bei den Bremern gesiegt, welche ihre Meisterfeier auf das Spielfeld verlagerten und einer professionellen Einstellung vorzogen.

Das Ende von Leverkusen ist bekannt und bedeutete einen bitteren Ausklang dieses fantastischen Jahres. Nachdem Felix Magath mittlerweile tatsächlich seinen Wechsel zum Erzfeind bekannt gegeben hatte, sah er sich nach dem 0:2 offenen Anfeindungen der Fans ausgesetzt, die sich hintergangen fühlten. Sicher, der Trainer hatte dem Verein viel gegeben, aber er hatte ihm auch viel zu verdanken. Im sportlichen Bereich mit vollkommener Macht ausgestattet, konnte er nach Belieben schalten und walten und erlangte über die Erfolge am Wasen ein neues Image und Profil. So waren die Vorwürfe hinsichtlich der risikoarmen Vereinsführung im Endeffekt wohl nur Ablenkungsmanöver. Neben Meira hatte Magath im Argentinier Centurion und vor allem im Schweizer Yakin teure potenzielle Spielmacher erhalten, die jedoch sportlich völlig untergingen und finanziell klare Verlustgeschäfte darstellten.

Aus heutiger Sicht stellt sich die Frage, ob der VfB in dieser Saison nicht den Weg des späteren Meisters und Pokalsiegers Werder Bremen hätte gehen können, wenn es im Anschluss des ManU-Triumphes nicht die dauerhaften Diskussionen um einige der Hauptpersonen gegeben hätte. Die medial ausgeschlachteten Wechselgerüchte außerhalb der eigentlichen Transferperioden stellen generell heutzutage im Fußball ein Unding dar, aber im Falle dieser teilweise noch unerfahrenen Mannschaft des VfB im Speziellen. Dem Verein wiederum blieb nichts anderes übrig, als auf die Forderungen der Spieler einzugehen, um die Entwicklung des Teams nicht abreißen zu lassen.

Sportlich jedenfalls gab es keine Unterschiede zum Double-Sieger (was auch die direkten Duelle unterstreichen), und auch die Mehrfachbelastung durch die Königsklasse war sicher nicht entscheidend dafür, dass der VfB Stuttgart zum Schluss mit leeren Blicken und fast leeren Händen auf dem Leverkusener Rasen stand. Die Harmonie, der Team-Spirit und die Konzentration waren durch die ständigen Diskussionen um Trainer und Jung-Stars vielleicht um die entscheidenden Nuancen in Mitleidenschaft gezogen worden und hatten erstmals in der Ära der »Jungen Wilden« ein Gefühl der Stagnation hinterlassen. Nachdem es monatelang so aussah, als würde die Champions League zu einer »Dauereinrichtung« am Wasen werden, waren die Spiele gegen die europäische High Society also vorerst Geschichte und sollten es bis heute bleiben.

Was bleibt aber ist die Nacht gegen ManU, als das Raumschiff Gottlieb-Daimler-Stadion 50.000 auf eine galaktische Reise mitnahm, von der man sich mit wachsendem Abstand immer öfter fragt, ob es sie wirklich gegeben hat.

04/05: Nach 28 Spieltagen war alles vorbei

Trotz des unglücklichen Endes in der Vorsaison kam das Betriebsklima beim VfB in der Sommerpause schnell wieder auf Hochtouren. Nach Magaths Abgang war im Verein eine Devise und Vorgehensweise festzustellen, die man am ehesten mit »Back to the roots« umschreiben könnte. VfB'ler aus den verschiedensten Epochen fanden auf der sportlichen Kommandobrücke des schwäbischen Flaggschiffs zueinander und setzten nach der »One-Man-Show« Magath die Zeichen wieder auf Teamwork.

Nach Balakov im Vorjahr wechselte nun auch Fanbetreuer Günther Schäfer in den Trainerstab. Die Entscheidung zugunsten von Matthias Sammer als neuem Chef-Trainer kam einem Paukenschlag gleich, obwohl es eine logische und nachvollziehbare Entscheidung war. Der Dortmunder Meister-Trainer von 2002 hatte – ähnlich wie Christoph Daum – immer wieder seine Affinität zum Verein und zur Stadt bekundet und auch eingestanden, dass er kein anderes Angebot unmittelbar nach seiner Zeit beim BVB angenommen hätte. Der VfB wiederum hatte in Sammer einen exzellenten Fachmann gewinnen können, der die Mechanismen im Club kannte und für seine akribische Arbeit bekannt war. Lediglich in Sammers Außendarstellung sahen einige leichte Defizite. Ich meine allerdings, dass die versierten, kritischen Ausführungen des ehemaligen Dresdners eindeutig mehr Substanz und auch Unterhaltungswert haben als die mancher Schaumschläger aus der Trainerbranche, welche den Fans heutzutage als Entertainer vorgeführt werden.

Schon vor Saisonbeginn hatte das neue Trainergespann einen herben Verlust wegzustecken: Im Falle Marcelo Bordon zog der Verein eine Ablöse dem weiteren Verbleib des Brasilianers um ein Jahr vor, und die Schalker hatten nach vielen vergeblichen Versuchen erstmals einen

Stuttgarter bekommen. Mit der Verpflichtung des Routiniers Marcus Babbel und des jungen Franzosen Mathieu Delpierre versuchte der VfB erneut, einen langjährigen Eckpfeiler »doppelt« zu ersetzen, und speziell Delpierre sollte sich später hervorragend entwickeln. Aber auch Babbels Comeback war beeindruckend. Nach einer schweren Nervenerkrankung während seiner Liverpooler Zeit hatte der ehemalige Münchner unglaublich schnell wieder Fuß im Profi-Sport gefunden und erheblichen Anteil für den erneut sensationellen Start des VfB.

Wie im Vorjahr marschierte man zunächst nach Belieben durch alle Wettbewerbe und blieb über ein Dutzend Mal ungeschlagen. Die gruppendynamischen Prozesse zwischen dem Team und dem Trainerstab waren imponierend und spiegelten sich auf dem Spielfeld wider. In Lautern wurde so ein Rückstand noch umgewandelt und die Heimpartien gegen den HSV, Leverkusen und Dortmund wurden in toller Manier gewonnen (2:0, 3:0, 2:0). Vor allem Cacau erwischte einen Blitzstart und traf vor allem im UEFA-Cup ununterbrochen.

Überhaupt der UEFA-Cup: Nach dem lockeren Weiterkommen gegen Ujpest Budapest entschädigten die stimmungsvollen Gruppenspiele gegen Benfica und Dinamo Zagreb doch etwas für die entgangene Champions League, denn das, was die Anhänger jener Clubs (aber auch die VfB-Fans) im Daimler-Stadion initiierten, war schon beeindruckend. Ein farbliches und akustisches Spektakel!

Die Dublette zur Vorsaison bestand allerdings auch diesmal im plötzlichen spätherbstlichen Einbruch, wobei dieser diesmal noch überraschender kam. Wurde das 0:2 von Freiburg noch als einmaliger Ausrutscher angesehen, so war nach dem peinlichen 0:3-Pokal-Aus in München ohne Gegenwehr sowie den Bundesliga-Niederlagen gegen Bremen (zwei Gegentore kurz vor Schluss in Überzahl), auf Schalke (2:3) und beim Sensations-Team Wolfsburg (0:3) wieder Feuer unter dem roten Dach. Doch all diese Negativ-Erlebnisse, garniert von einem erneut schwachen Rückrundenstart und dem UEFA-Cup-Aus gegen den italienischen Abstiegskandidaten Parma, konnten zunächst nicht verhindern, dass Sammer das Team wieder auf Vordermann bekam. Als nach einer erneuten Erfolgsserie auch noch Big Points gegen die Konkurrenz aus Bremen und Schalke erfolgten, war nach 28 Spieltagen plötzlich sogar der Titel wieder ein Thema.

Was dann erfolgte, war ein Einbruch, wie ihn der Verein nur in der damaligen Endphase unter Coordes mit sieben Niederlagen am Stück erlebt hatte, die ihn von Rang 3 im Niemandsland verschwinden sahen. Angst vor der eigenen Courage, die Erinnerung an das Leverkusener Trauma oder die »falsche Interpretation« der Worte Sammers im Hinterkopf, dass das Rostocker Spiel schwerer werden würde als die Partien gegen Werder und S 04? Mit der Reise an die Ostsee jedenfalls verschwanden die weiß-roten Träume am Horizont, bekam der VfB in den letzten sechs Spielen kein Bein mehr auf den Boden. Vor allem die blutleeren Auftritte in Mönchengladbach und Bochum ließen einen völlig verstört zurück ob der Hilfs- und Konzeptlosigkeit des eigentlichen Spitzenteams.

Ich meine, dass die ersten fünf Minuten von Rostock erkennen ließen, dass die Spieler von der Willensstärke her nicht bereit zum ganz großen Wurf waren. Nach dem Motto: Wir haben die direkte Konkurrenz in Schach gehalten, wie will uns ein Abstiegskandidat in Schwierigkeiten bringen? Anstatt die sechs Partien als Endspiele zu betrachten, wie es einst die Ohlicher, Sigurvinsson, Förster und Co. wohl getan hätten, verfiel man nun in Übermut und ignorierte die Realität. Es entwickelte sich ein Teufelskreis, welcher schließlich in einer totalen Lethargie endete. Im letzten Spiel gegen Bayern München präsentierte sich der VfB Stuttgart derart eingeschüchtert, von einer finalen Stimmung war nichts mehr zu spüren, und ausgerechnet die Bremer, die man vor Wochen noch weit hinter sich gelassen hatte, erreichten noch den dritten Rang.

Aufgrund der erneut knapp verpassten Champions League verselbstständigte sich die Situation am Wasen, und infolge der frustrierten Grundstimmung und der negativen finanziellen Konsequenzen wurden Entscheidungen gefällt, die viele als Schnellschüsse ansahen.

Der Verkauf Kuranyis an Schalke war sicherlich okay, denn die einstigen Fähigkeiten des Stürmers blitzten in der gesamten Rückrunde nur einmal auf, beim 3:0 über Schalke. Bei Kuranyi kann man sich eigentlich bis heute nicht sicher sein, ob er tatsächlich die »unglaublichen Potenziale« besitzt, die ihm auch viele Experten attestieren, oder ob er von den wenigen guten Spielen lebt, die monatelang von der Presse gehypt werden, wie jenes gegen die Gelsenkirchner.

Der Weggang eines den Fußball zelebrierenden Eigengewächses Hleb schmerzte dagegen sehr. An guten Tagen nahm er das Publikum mit in andere Sphären, und auch im gesamten internationalen Fußball gibt es nicht viele Spieler, die diese Grundvoraussetzungen an Schnelligkeit und spielerischer Leichtigkeit mitbringen. Mit dem Weggang Hlebs sollte das VfB-Spiel jedenfalls für lange Zeit an Aussagekraft und Gesicht verlieren. Der unglaublichen Ablösesumme Arsenals konnte der VfB auch im Hinblick auf entgangene Einnahmen in genau jener Größenordnung wohl nicht widerstehen, aber dennoch hätte der Club auf genau seiner Position für Ersatz sorgen müssen. Dieser Club war in Jahrzehnten ein Inbegriff für gestalterischen Fußball geworden und hatte in Ettmayer, Müller, Sigurvinsson und Balakov immer große Strategen. Nach den Flops Centurion, Yakin und Elson war man hier einfach unterbesetzt, worauf selbst die Konkurrenten immer wieder hinwiesen.

Ein Matthias Sammer konnte sich darum nicht mehr kümmern. Mitten in der Sommerpause wurde das beendet, was so hoffnungsvoll begonnen hatte. Dem einstigen Meisterspieler wurden Motivations-Defizite in der entscheidenden Phase vorgeworfen, und obwohl Sammer die ihm vorgegebenen Saisonziele des internationalen Wettbewerbs erreichte, wurde das Kapitel beendet, was bundesweites Erstaunen hervorrief. Die meisten jedenfalls sahen in den Spielern die Hauptschuldigen für das Versagen zum Ende hin und fragten sich, woher der Verein zu diesem Zeitpunkt auf dem Markt noch einen Ersatz hernehmen wolle, welcher dem Anforderungsprofil des VfB Stuttgart entspräche.

Denn eines war sicher: Trotz des Scheiterns auf den letzten Metern in den letzten beiden Jahren gehörte der VfB mittlerweile wieder zu den Vorzeigevereinen des Landes.

Die Neuzeit

Nachdem die antiquierten Vorstellungen des Trainer-Stars Trapattoni auf den schon immer für Offensiv-Fußball stehenden VfB nicht umzusetzen waren, stellt sich nun die Frage nach den Perspektiven unseres Vereins.

Ich meine, sie stehen recht gut, obwohl sich die Cannstatter nicht dauerhaft ganz vorne festsetzen konnten, wie viele es nach der Nacht gegen ManU erwartet hatten und die große Anzahl von herausragenden Talenten erwarten ließ. Irgendwie ist man somit wieder in der traditionellen Lauerstellung angekommen, aus der heraus man die nationale Spitze wieder und wieder ins Visier genommen hatte. Dennoch sprechen viele Fakten und Voraussetzungen dafür, dass der VfB zumindest diese Verfolgerrolle in nächster Zukunft nicht mehr herschenken wird.

Zunächst haben Präsident Staudt und seine Crew es verstanden, über die Erfolge einen Konsolidierungskurs zu fahren, der zumindest bei weiteren europäischen Auftritten die angsteinflößenden Zahlen der Jahrtausendwende in weite Vergessenheit geraten lässt. Während Schalke und der Hamburger SV in ihrer Personalpolitik starke Risiken auf sich genommen haben, fährt der VfB von den Spitzenteams neben Werder Bremen eher einen konservativen Kurs, der auch weiterhin der eigenen Jugendarbeit eine hohe Priorität gewährt (Gentner, Gomez, Beck). Auch die Beispiele Butscher (Bochum), Lehmann (1860), Rundio (Fürth), Vujecic und Masic (Siegen) zeugen von einem unerlässlich sprudelnden Jugend-Quell am Wasen.

Auch haben es die VfB-Verantwortlichen geschafft, die herausragende Stellung des Clubs für die Stadt und ganz Baden-Württemberg herauszukehren. Diverse Promotions-Aktionen und ein Steigern der Mitgliederzahl auf astronomische über 30.000 (Platz 3 in Deutschland) haben den Traditionsclub wieder voll ins Bewusstsein der Bevölkerung treten lassen, nachdem beispielsweise ein Rolf Rüssmann in Zeiten der Abstiegsgefahr noch moniert hatte, die Stuttgarter würden die Bundesliga-Zugehörigkeit ihres Clubs als etwas zu Selbstverständliches betrachten. Die Schwaben jedenfalls haben über die »Jungen Wilden« ihre Identifikation mit dem Verein wiederentdeckt, und obwohl der ganz große Hype abgeklungen ist und die Ära Trapattoni vor allem im Daimler-Stadion für viele Negativerlebnisse sorgte, kann zum vierten Mal in Folge ein Schnitt um die 40.000 erreicht werden.

Neben dem sportlichen Aufschwung seit 2001 sind hierfür vor allem die immensen Veränderungen im direkten Umfeld des Vereins mit den gesamten Infrastrukturen verantwortlich. Das gesamte Ensemble des annähernd fertig gestellten NeckarParks aus Daimler-Stadion, den alten und neuen Mehrzweckhallen, dem Automobil-Museum, dem gesamten VfB-Gelände plus Clubhaus sowie der »VfB-Welt« stellt eine in Europa wohl einmalige Mischung aus Entertainment und sportlichen Groß-Events dar.

Alleine die VfB-Welt mit diversen Restaurants, Hotel, Jugendakademie, Ticket-Center und der Fan-Area wird ein neuer Treffpunkt für die gesamte Stadt werden und das Zusammengehörigkeitsgefühl der Anhänger weiter stärken. Für die Umsetzung dieser Visionen in kürzester Zeit gebührt der Vereinsführung, dem Investor und der Stadt einfach ein großes Kompliment. Eine derart schnelle Umsetzung war allerdings wohl auch dadurch begünstigt, dass der allgemeine Bau-Boom in Stuttgart derzeit deutschlandweit konkurrenzlos ist und die diversen Projekte auf dem Wasen aufgrund der bevorstehenden WM keine Aufschiebung erlaubten. Der VfB Stuttgart jedenfalls wird insbesondere durch das eigene Fan-Center und das prestigeträchtige Automobil-Museum noch einmal neu in den Fokus der überregionalen Öffentlichkeit geraten und von seiner direkten Umgebung absolut profitieren.

Faszinierend am Bundesliga-Standort Stuttgart ist zudem das Nebeneinander aus Tradition und Moderne. Wie die gesamte Stadt schmiegt sich auch das Stadion harmonisch in die wellenartigen Hügelketten und verkörpert selbst am besten den Mix aus Alt und Neu. Zählen die beiden Tribünen mittlerweile zu den modernsten des Kontinents, so erzählen die ausladenden Kurven noch Geschichten, die über 70 Jahre alt sind. Wie oft haben die Fans ihre Weitläufigkeit verflucht, doch auf der anderen Seite machen gerade diese Bereiche des ehemaligen Neckarstadions diesen Verein irgendwie aus und sorgen für den harmonischen Eindruck der Arena. Die angedachte Umgestaltung des Daimler-Stadions in eine Fußball-Arena würde sicherlich die Akustik verbessern, doch optisch sollte dieser Schritt gut überlegt sein. In Zeiten der neuen Arenen jedenfalls vermittelt der historisch gewachsene Standort des Stadions wie auch der teilweise erhaltene Charakter der Tribünen einem ein Gefühl der Rückbesinnung auf vergangene Zeiten.

Am wichtigsten wird natürlich sein, ob das Team des VfB mit den atemberaubenden Veränderungen des Umfeldes mithalten kann. Die Thematik des möglichen Stadionumbaus beispielsweise darf die sportlichen Belange zu keiner Zeit in den Hintergrund drängen und bisher gibt es auch keine Anzeichen dafür. Schaut man sich den aktuellen Kader des VfB an, so ist dieser keinesfalls geringer einzuschätzen als jener der Hamburger, Bremer und Schalker. Ein Kader, der größtenteils aus ehemaligen, aktuellen und zukünftigen Nationalspielern besteht und der sowohl in seiner Altersstruktur als auch in der Breite erstklassig aufgestellt ist. Endlich besitzt der VfB ausreichend Spieler im Bereich des »Mittelalters«, und zu keiner Zeit hat man das Gefühl, auf Ausfälle könne nicht reagiert werden. Vor allem im Angriffsbereich sind die Alternativen mittlerweile grenzenlos.

Nachdem es dem VfB dank der tollen Entwicklung Delpierres mittlerweile gelungen ist, den Abgang Bordons zu kompensieren, hat Neu-Trainer Armin Veh weitere Aufgaben vor sich: Kurzfristig muss die Kreativität im Mittelfeld verbessert werden, ehe im Sommer eventuell die erneute Suche nach einem Spielmacher beginnt.

Während, wie gesagt, Delpierre und auch Tiffert und Gomez starke Entwicklungen genommen haben und auf Meira, Soldo, Hildebrand, Babbel und Meißner in der Regel Verlass ist, ist von Grönkjaer, Tomasson und vor allem Hitzlsperger in Zukunft doch sehr viel mehr herauszukitzeln. Während Grönkjaer das in ihn gesetzte Vertrauen langsam zurückzahlt und seine Klasse immer mehr zum Vorschein kommt, wird man aus den anderen beiden einfach nicht schlau. Vor allem bei Hitzlsperger scheint die Umstellung auf die Bundesliga vom Timing her einfach nicht zu funktionieren. Und Tomassons internationale Klasse ist zumindest im laufintensiven Stuttgarter Spiel noch nicht zum Vorschein gekommen – bis auf die geniale Vorbereitung beim bedeutungslosen Liga-Pokal in München. Keinerlei Anpassungsprobleme hatte dagegen die Pariser Leihgabe Daniel Ljuboja, der mit seiner Technik und Raffinesse sofort eingeschlagen ist. Zu einem Ziehen der Kauf-Option kann es in diesem Falle keine Alternative geben. Auf den ersten Blick weiß man einen Vollblut-Stürmer vor sich, der auch als Leader gewiss einige Qualitäten mitbringt.

Armin Veh weiß also einen exquisiten Kader vor sich, den er aufgrund seiner hohen Kosten wenigstens in den UEFA-Cup führen muss. Zuzutrauen ist es ihm, denn von der Philosophie des offensiv geprägten Kurzpass-Spiels kommt er den modernsten Trainern der Liga, Schaaf und Klopp, recht nahe.

Unter Veh jedenfalls scheint der VfB sich aus seinen italienischen Fesseln befreit zu haben und kann wieder den freigeistigen Fußball spielen, der ihn über Jahrzehnte auszeichnete.

Die Medien und das Leder

Ende der siebziger Jahre war das Verfolgen der Medien-Berichterstattung teilweise noch mit Abenteuern verbunden.

Ich kann mich an stürmische Herbstnächte erinnern, in denen ich über Mittelwelle versuchte, von den Europapokalspielen des VfB Stuttgart etwas zu erhaschen. Die generelle Live-Übertragung von UEFA-Cup-Spielen sollte erst 15 Jahre später einsetzen, und so war man darauf angewiesen, dass einem die ausländischen Reporterstimmen etwas über »Stoccarda« und den jeweiligen Spielstand aus Moskau, Prag oder Turin verrieten.

Auch im Fernsehen wurden, was den Vereins-Fußball betraf, damals nur die Highlights live ausgestrahlt. Dies ist sicherlich der hauptsächliche Grund dafür, dass bei der Masse der Übertragungen heutzutage selbst viele exzellente Partien in Vergessenheit geraten. Das beste Beispiel hierfür ist für mich folgendes: Der WM-Klassiker von 1970, das »Jahrhundertspiel« Deutschland-Italien, wird heutzutage immer wieder zitiert. Doch wer redet noch über das unglaubliche, fantastische Match Brasilien-Holland bei der WM 98?

Erstmals auf die mediale Showbühne gehievt wurde die Bundesliga 1988 mit der Vergabe der Rechte an das Privatfernsehen. Um das Moderatoren-Team Potofski/Netzer wurden die eigentlichen Spielberichte um Hintergrundinformationen, Gewinnspiele und Showelemente angereichert, was in einer dreistündigen Mammutshow gipfelte.

Mit einem prägnanteren Format gelang es einem weiteren Privatsender ab 1992, einen neuen Boom auszulösen. Entgegen allen Befürchtungen, dass eine Rundum-Berichterstattung von allen Spielen die Stadien leer fegen würde, trat der gegenteilige Effekt ein. Im Laufe der letzten 20 Jahre hat sich der Schnitt von 20.000 auf annähernd 40.000 fast verdoppelt. Die Bundesliga hat in diesem Bereich Italien und Spanien schon lange und mittlerweile auch die sehr professionell gestaltete Premier League Englands hinter sich gelassen.

Durch das Ansprechen neuer Zielgruppen war der Fußball plötzlich insgesamt en vogue, und die massive Präsenz in den Medien ließ die Bedeutung des Fußballs noch einmal ansteigen. So wäre es, abgesehen von der nicht vorhandenen Programmvielfalt, in den Siebzigern wohl undenkbar gewesen, dass eine Fußball-Talkshow am Sonntagmittag parallel zum Polit-Talk »Internationaler Frühschoppen« gelaufen wäre.

Den größten medialen Quantensprung gab es dann im Jahre 2000, nachdem auch in Deutschland das Pay-TV installiert wurde, welche beispielsweise in Spanien schon auf vollen Touren lief. Die fantastische Vision, jedes Spiel seines Vereins sehen zu können, wurde Wirklichkeit. Speziell für Anhänger, die hunderte Kilometer von ihrem Club entfernt wohnen, ist es ein bis heute einmaliges Angebot. Pay-TV hat natürlich bewirkt, dass es das »Fußball-Volk« in dem Sinne nicht mehr gibt. Der Austausch von Fans, welche die Spiele in Ausschnitten gesehen haben, und jenen, welche die Spiele im Stadion oder im Pay-TV verfolgt haben, findet sicher auf verschiedenen Ebenen statt. Ich habe mehr als einmal erlebt, dass Kurzberichte das Tatsächliche doch sehr verfälschten. Andererseits kann man Pay-TV mittlerweile sogar eine »soziale Komponente« zuschreiben. Tausende von Pay-TV-Kneipen sind mittlerweile zu »Begegnungsstätten« geworden, teilweise von Anhängern eines Vereins, die sich in fremden Städten treffen.

Mit der Wandlung der Formate hat sich natürlich auch die Art und Weise der Berichterstattung verändert. Sicher kann sich noch jeder

Stuttgarter an den legendären SWF-Hörfunk-Reporter Gerd Million erinnern, der die VfB-Spiele in den siebziger und achtziger Jahren aus dem Neckarstadion kommentierte. Millions stoische Ruhe und Sachlichkeit würde sicherlich in unserer heutigen mit Worten überfrachteten Zeit keine Chance mehr haben. Aber in der Manier eines schwäbischen Geschichtenerzählers gelang es ihm damals, die Fantasie des Zuhörers zu kitzeln. Er setzte die Kunstpausen an den richtigen Stellen und in hektischen Spielsituationen erweckte er den Eindruck, er habe auf gewisse Weise den Überblick verloren. Das ließ noch mehr Bilder und Spannung im Zuhörer aufkommen.

Auch Volker Kottkamp oder Hans-Reinhard Scheu auf dem Betzenberg, Kurt Emmerich im Volkspark-Stadion oder Jochen Hageleit in den West-Stadien standen für diesen sachlichen Stil. Selbst die Reportagen eines Gerd Rubenbauer aus dem Olympia-Stadion bezogen sich in den siebziger und achtziger Jahren noch auf eine reine Darstellung des Sportlichen. Erst in den neunziger Jahren hielten hier ausschmückende, »boulevardeske« Stilmittel bei Live-Events von Fußball und Leichtathletik Einzug. Fußballreporter wie Manfred Breuckmann und Werner Hansch sowie der Nürnberger Günther Koch dagegen deuteten schon vor 20 Jahren etwas an, was man später wohl als »Infotainment« bezeichnet hätte. Hier flossen während der Darstellung vom eigentlichen Spielgeschehen schon mal Hintergrundinformationen und Anekdoten ein und die Sprache war emotionaler und ausufernder, ohne dass diese Reporter-Legenden den Sport vergaßen.

In der medialen Neuzeit ist eine Verquickung von Sport und Unterhaltung fast eine Selbstverständlichkeit geworden. Ehemalige Sportberichterstatter wie Reinhold Beckmann, Johannes B. Kerner oder Monika Lierhaus sind mittlerweile in beiden Bereichen tätig.

Im ostdeutschen Fußball konnte die rein sachliche Form der Berichterstattung länger aufrechterhalten werden. Umso interessanter ist sicherlich, dass nach der Wende der erste »Austausch« von West- und Ost-Kommentatoren genau in die Startphase des Privatfernsehens fiel. So fungierte die ostdeutsche Reporter-Legende Heinz Florian Oertel 1990 als Co-Kommentator beim 3:0 des VfB über Hansa Rostock während der Rad-WM in Stuttgart.

Inwiefern sich die Präsentation des Fußballs verändert hat, lässt sich auch sehr gut an den Stadionsprechern erkennen. Heutzutage hat das Ganze einen marktschreierischen und pushenden Charakter. Die Verlautbarung »Weltmeister – Bundesrepublik Deutschland« 1974 im Olympia-Stadion erinnerte dagegen eher an eine Bahnhofsdurchsage. Ähnlich nüchtern kommentierten dann auch die Star-Reporter der damaligen Zeit, Ernst Huberty und Rudi Michel.

Diese Form der Reportage aufrechtzuerhalten wäre jedoch schon allein aufgrund der Informationsfülle, die sich ab dem Beginn der neunziger Jahre anbot, nicht mehr möglich gewesen. Mit der Entstehung der Datenbanken erhält der Fan heutzutage eine Rundumversorgung in Sachen Spieler-Vita und Statistik, und die Frage, ob weniger manchmal mehr sei, erübrigt sich in Zeiten, in denen jedes Bundesliga-Spiel live übertragen wird. Die 90 Minuten wollen halt gefüllt sein.

Entscheidend hat natürlich auch das Internet die Wahrnehmung eines Anhängers verändert. Durch die verschiedensten Vereinsforen und Fan-Pages ist eine tägliche Auseinandersetzung mit sämtlichen Bereichen des Vereins möglich. Manchmal hat man den Eindruck, nur die Spiele selbst unterbrechen den Non-Stop-Austausch von Informationen. Doch auch hier gibt es ja den Live-Chat. Es ist insgesamt aber schon großartig, auf diesem Wege zum Beispiel an historische Informationen seines Clubs heranzukommen oder an versteckte Details.

Der VfB Stuttgart hat meines Erachtens eine hohe Medienpräsenz. Das hat sicherlich mehrere Gründe. Stuttgart an sich ist im Herzen Europas gelegen und die Region eine der wirtschaftlich stärksten des Kontinents. Das allein rückt einen natürlich noch nicht in den fußballerischen Fokus, siehe Düsseldorf. Der VfB hatte in regelmäßigen Abständen aber immer wieder große Erfolge. Er besaß immer Mannschaften mit Ausstrahlung, und mit dem »Magischen Dreieck« und den »Jungen Wilden« erhielt er erstmals nach den »Gladbacher Fohlen« gleich zwei Titel von der Journaille, welche bundesweit registriert wurden.

Die Stuttgarter Medienlandschaft wurde immer als kritisch dargestellt. Andererseits hat es der Verein nicht mit zusätzlichen Boulevardblättern zu tun wie der HSV, Berlin, München oder Köln. Das Verhältnis der Stuttgarter Journaille dem Verein gegenüber mag vielleicht distanzierter sein als beispielsweise in Bremen, aber das Niveau ist schon sehr ansprechend.

Die »TV-Auftritte« des VfB hatten einen durchwachsenen Charakter. Oftmals wurde die Chance verpasst, Werbung in eigener Sache zu machen, doch es gab natürlich auch einige Sternstunden. Positiv in Erinnerung bleiben die Europapokal-Nächte gegen Dresden, Neapel, Glasgow und natürlich Manchester, während das »Wunder von Rotterdam« leider nicht gezeigt wurde. Vergessen machen möchte man sicherlich die Schmach gegen Pamplona Anfang der Neunziger, als »Winnie« Schäfer dem Fernsehzuschauer näher zu bringen versuchte, was sich dort vor der Geisterkulisse im Neckarstadion abspielte.

Peinliche Aussetzer via TV hatte der VfB auch bei den DFB-Pokalpleiten in Bremen (0:3, 1990) und später mehrmals in München, während es 1990 andererseits eine Übertragung des glorreichen Pokal-3:0 gegen die Bayern gab. Auch die Pokal-Endspiele gegen die Münchner und Cottbus sorgten für unterschiedliche Reaktionen beim Publikum.

Zu erwähnen bleibt noch, dass die höchste Heimniederlage der Bundesliga gegen Dortmund 95/96 auch live ausgestrahlt wurde. Ruhrpott-Legende Werner Hansch war es fast peinlich. Dass gleich zwei VfB-Auftritte in München mit positivem Ausgang einer breiten Masse vor Erfindung des Pay-TV näher gebracht wurden, gleicht das Ganze aber wieder aus. Sowohl das fulminante 3:3 Ende der Achtziger als auch der 3:1-Sieg unter Jürgen Röber in Beckenbauers erstem Spiel als Trainer (93/94) flimmerte in die Wohnstuben.

Von der Kutte zur Choreographie

Anfang der siebziger Jahre kam auch in der Bundesliga die deutsche Neigung zur Organisation und zum Vereinswesen zum Vorschein.

Zwar versammelten sich die Sympathisanten und Anhänger der jeweiligen Vereine schon in den Jahren oder gar Jahrzehnten zuvor in bestimmten Bereichen des Stadions zu offensichtlich besonders enthusiastischen Gruppierungen. So erinnert man sich an Fahnen schwenkende VfB-Anhänger beim Endspiel zur deutschen Meisterschaft Anfang der fünfziger Jahre im Berliner Olympia-Stadion oder an »Halbstarke«, die sich in den sechziger Jahren in der Glückauf-Kampfbahn zu Gelsenkirchen oder der Dortmunder »Roten Erde« auf den Stehplatz-Traversen zusammenfanden. Die Aufteilung und Zersplitterung der jeweiligen Anhängerschaft in Untergruppierungen war jedoch neu und wurde fortan als Fan-Club bezeichnet.

Die ersten deutschen Fan-Clubs sollen die Hamburger »Rothosen« und die Nürnberger »Seerose« gewesen sein. Bis Mitte der siebziger Jahre entstanden die Fan-Clubs natürlich flächendeckend in ganz Deutschland, doch deren Anzahl war in keiner Weise mit der heutigen Zeit ins Verhältnis zu setzen, wo zumindest die Traditionsvereine jeweils einige Hundert »besitzen«. So wurde die Anzahl der VfB-Fan-Clubs beim Wiederaufstieg 1977 mit 25 angegeben, wobei die durchschnittliche Mitgliederzahl sicherlich höher lag als heutzutage. Zudem hatten die Fan-Clubs damals fast ausschließlich eine regionale Herkunft, während der VfB heutzutage in mehreren Bundesländern seine »Abordnungen« hat.

Ungefähr bis in das Jahr 1977 bestanden die Fan-Utensilien größtenteils aus handgefertigten Gegenständen. Heiligtum der damaligen Fan-Generationen waren natürlich die mit Emblemen bestickten Jeans-Westen, die so genannten »Kutten«. Die klassische Kutte bestand aus einem großflächig angebrachten Wappen des eigenen Fan-Clubs oder Vereins und daneben platzierten kleineren Aufnähern der Konkurrenz oder bestimmten Sympathie-Vereinen. Erst als die Kutten in den neunziger Jahren langsam von der Bildfläche verschwanden, entstand eine zweite Generation der Westenträger, die jetzt vornehmlich Embleme ausschließlich des eigenen Vereins benutzten oder auch diskreditierende »Sprüche«-Aufnäher gegenüber anderen Vereinen einsetzten. Die Kutte war – meines Wissens – ein rein deutsches Phänomen. Etwas Vergleichbares fand man höchstens in der Form, dass sich die britischen Fans teilweise mit Vereinsnadeln »schmückten«.

Bis Anfang der achtziger Jahre bestanden die Fan-Szenen praktisch ausschließlich aus Kuttenträgern und vermittelten ein einheitliches Bild. Es war schon imposant zu sehen, wenn im Hamburger E-Block, auf der Hintertortribüne in Bielefeld, auf dem Gladbacher Bökelberg, im Parkstadion oder im A/B-Block des Neckarstadions Tausende von Fans ein geschlossenes Bild abgaben und ihre rhythmischen Gesänge in den Innenraum abgaben.

Auch die in den siebziger Jahren beginnenden Gewaltexzesse gingen logischerweise von Kutten-Fans aus, denn von Skinheads, Hooligans oder gewaltbereiten Ultras war am Fan-Horizont noch nichts zu sehen. Wie auch in rudimentären Formen heutzutage noch hatten die Auseinandersetzungen damals speziell einen regionalen Hintergrund. Im Norden führten die Ressentiments zwischen Bremen und Hamburg 1982 tragischerweise im Volkspark zu einem Todesfall. Im Westen gab es neben der damals noch offenen Feindschaft zwischen Schalke und Dortmund auch schlimme Krawalle zwischen Anhängern der Gelsenkirchner und denen des 1. FC Köln, die beispielsweise direkt in der Kölner Innenstadt auf der Domplatte stattfanden. Die Stuttgarter

Szene machte vor allem bei Spielen in Karlsruhe auf sich aufmerksam, da das große Süd-Derby gegen München schon damals unter enormer Beobachtung der Polizei stand.

Insgesamt hatten die Sicherheitsvorkehrungen zur damaligen Zeit jedoch nicht den professionellen Standard der heutigen, welche zumindest im Stadionbereich Ansätze von Gewalt schon im Keime ersticken. In der Regel wurde herkömmliche Polizeieinheiten mit der Überwachung betreut. Sicherheitsdienste und Sondereinsatzkommandos sind eine neuere Variante.

Entscheidend zum äußerlichen Erscheinungsbild der Kurven sollte die WM 1978 in Argentinien beitragen. Bei den Spielen des Gastgebers und späteren Weltmeisters wurden ganze Wagenladungen an Konfetti und Papierrollen die Ränge hinabgeworfen. Die Bilder aus Buenos Aires waren unbeschreiblich und sollten direkt nach der Sommerpause Einzug halten in die deutschen Stadien. Wie auch in anderen Bereichen gab es auch in diesem starke regionale Unterschiede. »Konfetti«-Hochburgen waren Hamburg, Gladbach, Schalke und, man höre und staune, Aufsteiger Leverkusen, während die Anhänger der süddeutschen Großclubs Stuttgart und München schon immer mehr in Richtung Einsatz von Fahnen tendierten. Unvergessen sind die Fahnenmeere der Cannstatter Kurve in den Jahren nach dem Wiederaufstieg. Mit der 2002 startenden Erfolgswelle unter Magath gelang es den VfB-Fans, wieder an dieses Niveau heranzureichen.

Ungefähr ab dem Jahre 1982 erfolgte eine Unterwanderung der bundesdeutschen Fan-Szene durch rechtsradikale Aktivisten. Gegenüber den Ende der sechziger Jahre in England links gerichteten, in Arbeiterparteien organisierten Skinheads (Red Skins) entwickelte sich nun ein rechtsradikales Pendant. In erster Linie entwickelte sich diese Bewegung zu einer gewaltbereiten Subkultur mit rechtsradikalem Hintergrund und Erscheinungsmerkmalen. Der Transport von tatsächlichen Inhalten und Ideologien blieb an der Oberfläche hängen und konnte sich auf Dauer nicht in den Kurven etablieren. Dennoch sorgten die Aktionen für ein großes Medienecho, und zumindest optisch gab es jetzt kein einheitliches Erscheinungsbild der Kurven mehr. Im Gegensatz zu den herkömmlichen Fans traten die Skinheads in olivgrünen »Bomberjacken« auf, was an sich schon ein bedrohliches Bild abgab.

Aber wie gesagt: In erster Linie handelte es sich um eine jugendliche Subkultur und bei vielen auch einfach um einen »modischen« Trend, anders ist es nicht zu erklären, dass bei jedem Verein jetzt einige hundert Träger von Bomberjacken in den Kurven standen. Viele Szenarien mit rechtsradikalem Hintergrund fanden dann auch außerhalb der Stadien statt. So gab es in Hamburg Auseinandersetzungen zwischen der Skinhead-Szene und Anwohnern der autonom ausgerichteten Hafenstraße.

Ab Mitte der achtziger Jahre wechselten viele Skinheads in die nun stark anwachsende Hooligan-Szene über, welche ihre Wurzeln ebenfalls im britischen »Halbstarkentum« der Sechziger und Siebziger hatte. Die Hooligan-Bewegung war eine weniger mit politischen Inhalten behaftete Szene. Es ging in erster Linie darum, im Gewaltaustausch mit »Gleichgesinnten« einen »Kick« zu erleben. Hooligans wählten bewusst eine hochqualitative Sportswear, um sich von den Kutten zu distanzieren und in der Hektik des Stadionbereichs besser in der Masse untertauchen zu können. Hooligan-Gruppen bauten auf ihre Mobilität und perfekte Organisation im Vorfeld der Spiele und waren den Ordnungskräften in den Anfangsjahren tatsächlich oft zwei Schritte voraus.

Die Sicherheitsorgane waren sich darüber im Klaren, dass es im Hinblick auf die EM im eigenen Lande Verbesserungen geben müsse, zumal Skinheads bei der EM 1984 in Frankreich, speziell im Elsass, für Unruhe gesorgt hatten. Zwar konnten Auseinandersetzungen in dieser Hooligan-Hochzeit zwischen Deutschen, Engländern und Holländern nicht vollkommen vermieden werden, aber uferlose Exzesse wie bei einem vorangegangenen Freundschaftsspiel in Holland blieben aus. Nachdem es bei der WM 1990 in Italien noch heftig krachte, entwickelte sich die Hooligan-Szene in den Neunzigern zurück.

Durch die Katastrophen von Sheffield, Bradford und Brüssel wurden die Stadien zunächst in England und später auch in Deutschland zu komfortableren, übersichtlicheren Arenen ohne Stehplätze ausgebaut. Dies führte dazu, dass es im Bereich der Stadien durch nun auch geschultere Sicherheitsorgane für Hooligans fast unmöglich wurde, aktiv zu werden, zumal insbesondere in diesen beiden Ländern Karteien von auffällig gewordenen Gewalttätern angelegt wurden. In letzter Konsequenz verlagerten Hooligans europaweit ihre »Aktivitäten« in Bereiche außerhalb der Stadien. Verabredete Treffen auf der Wiese waren speziell in den Niederlanden ein immer wiederkehrendes Problem. Bei Auseinandersetzungen zwischen Hooligans von Ajax und Feyenoord passierten schlimme Dinge. Aber auch bis nach Skandinavien hoch trat der »Hooliganism« immer wieder in Erscheinung.

Die Gefahr dieser Bewegung liegt sicherlich in ihrer Unberechenbarkeit und darin, dass potenzielle Hooligans oft erst dann auffallen, wenn sie aktiv werden. Ein Patentrezept im Umgang mit Hooligans ist bis heute nicht gefunden worden. Während hier mit den Ende der Achtziger entstandenen Fan-Projekten wenig Einfluss zu nehmen war, war auch das »Chelsea-Projekt« von 1985 völlig deplatziert. Während es sich die High Society des Londoner Nobelclubs auf den Tribünen bequem machte, versuchte man einige Meter weiter, des Hooligan-Problems mit elektrisch geladenen Zäunen (!) Herr zu werden. Diese Idee sollte jedoch bald wieder gekippt werden.

Mitte der neunziger Jahre befand sich die deutsche Fan-Szene in einer Sinnkrise. Zwar stiegen die Gesamtzuschauerzahlen immer weiter an, doch die Atmosphäre in den Stadien nahm immer weiter ab. Hierfür gab es zwei Gründe. Zunächst war die erste Generation der Kutten in die Jahre gekommen. Viele stellten ihren Support ein oder kehrten der Kurve ganz den Rücken und wechselten auf die Tribünen. Zwar mangelte es den Vereinen nicht an Nachwuchsanhängern, doch die enorme Anzahl junger Fans verteilte sich auf das gesamte Stadion und betrachtete ein Fußballspiel eher unter einem Event-Charakter.

Zum Zweiten wurden die ursprünglich aus Stehplätzen bestehenden Fan-Bereiche teilweise mit klappbaren Sitzplätzen ausgestattet, was Auswirkungen auf Kapazität und Atmosphäre hatte. In dieser Phase des Stagnierens erhielt die deutsche Fan-Kultur eine Initialzündung durch eine Bewegung, die bereits Ende der sechziger Jahre in Italien entstanden war. Aus den herkömmlichen »Tifosi« entstanden hier nun die »Ultras«, was vor allem auf den politischen Zeitgeist zurückzuführen war. Auf den Fußball übertragen bedeutete dies, dass die Fans plötzlich Megaphone, Transparente und Großfahnen einsetzten, um auf sich und ihre Rechte aufmerksam zu machen. Die »Politik« und Intention der Ultras bestand hauptsächlich darin, den Verein auch in schwierigsten Situationen zu unterstützen und durch den Einsatz von Rauchpulver und Bengal-Feuern eine eindrucksvolle Kulisse herzustellen.

Zwar ging es, vor allem durch das wirtschaftliche Nord-Süd-Gefälle des Landes, auch um politische Differenzen, doch diese waren nicht explizit vorherrschend. Heutzutage findet man sie noch bei den Ultras von Lazio Rom (rechts gerichtet) und denen von Livorno (links gerichtet) vor.

Während die Hochzeit der italienischen Ultra-Bewegung in den Achtzigern zu registrieren war, mit teilweise mehreren tausend Mitgliedern bei den Römer Vereinen und beim AC Mailand, setzte diese in der Bundesliga also ungefähr 96/97 ein. Die Initialzündungen dafür hatten die verschiedensten Gründe. In Frankfurt und Köln sorgten die ersten Abstiege der Vereinsgeschichte dafür, dass der Fan-Szene gerade in dieser schwierigen Situation neues Leben eingehaucht werden sollte. Speziell im Waldstadion, in dem der G-Block immer mehr an Klasse eingebüßt hatte, entstand durch die Entstehung der Ultras in Frankfurt eine vollkommen neue, aufregende Szene, die zu der Zeit in Deutschland ihresgleichen suchte. Überhaupt entwickelte sich die neue Bewegung gerade in den Städten am schnellsten, in denen die Vereine mit dem Rücken zur Wand standen. So haben die Karlsruher und Rostocker ein Potenzial, welches trotz der Abstiege vielen Erstligisten überlegen ist.

Für die Entwicklung Stuttgarts zu einer der Ultra-Hochburgen Deutschlands dagegen liegen die Gründe wohl eher in der Architektur des Stadions begründet. Schon während der stimmungstechnisch noch einwandfreien Spielzeiten 96/97 und 97/98 wurde das »Commando Cannstatt« ins Leben gerufen. Mit der ab 1999 einsetzenden sportlichen Krise und dem Einbau der Europapokal-gerechten Sitzplätze gab es einen rapiden Verfall der Atmosphäre im A/B-Block. Aus heutiger Sicht ist es frappierend zu sehen, dass sich die Ultras, die zunächst in Block 36 Stellung bezogen, und die Stehplatz-Anhänger, einige Blöcke entfernt, annähernd wie gegnerische Anhänger gegenüberstanden. Tatsächlich gab es Ressentiments und Vorurteile aus beiden Lagern. So warfen die Fans den Ultras vor, sich selbst zu inszenieren und sie selbst als Fans zweiter Klasse zu betrachten. Viele Ultras wiederum sahen in den Fans eine »aussterbende Spezies«, welche nicht mehr in der Lage sei, Atmosphäre zu erzeugen.

Mit Beginn der Saison 00/01 wurden alle Kritikpunkte beseitigt, und die Ultras wechselten direkt unter den A/B-Block. Wahrscheinlich war diese Entscheidung im Endeffekt für den knappen Klassenerhalt verantwortlich, denn mit dieser nun einheitlich geballten Power war man in der Lage, selbst im Daimler-Stadion für Atmosphäre zu sorgen.

Nachzügler in Sachen Ultra-Kultur waren jene Städte, die zumindest »im Geiste« noch eine große Kutten-Mentalität pflegten. Hierzu gehörten Schalke, Dortmund, Hamburg und Mönchengladbach. Spätestens nachdem die neuen Arenen fertiggestellt waren, gab es speziell in diesen Städten jedoch eindrucksvolle Choreographien.

Wie überhaupt das Inszenieren und Gestalten der prächtigen Kurvenbilder einen noch größeren Einschnitt in das Erscheinungsbild der Fan-Bereiche haben sollte, wie die Konfetti-Paraden Ende der siebziger Jahre. Spätestens ab 2000 war es nicht nur in den deutschen Profi-Ligen Usus geworden, gegnerische Fans und Mannschaften mit einer Choreographie zu überraschen und zu beeindrucken, die neue Manie hielt auch Einzug in unterklassige Ligen. Es war schon beeindruckend, welche Akribie und welchen Zeitaufwand die Ultras aufwendeten, damit beispielsweise jene Ergebnisse entstanden wie bei den VfB-Auftritten in der Champions League gegen Manchester und Glasgow.

Insgesamt sorgten die imposanten Kurvenshows sicherlich für ein besseres Image der Fans. Während in Italien der Respekt der übrigen Besucher für die Choreographien schon lange vorherrschend war und zum Ausdruck gebracht wurde, gab es in den Siebzigern und Achtzigern in deutschen Stadien eine geteilte Gesellschaft. Die Fans betrachteten den Rest im Stadion als reaktionäres, spießiges Übel, der normale Stadiongänger verachtete die »Vandalen« in der Kurve. War das Publikum durch die Kommerzialisierung in den neunziger Jahren schon enger zusammengewachsen, so kam der friedliche Bilderrausch der Ultras bei den Tribünenbesuchern gut an. Probleme bereiteten zu Beginn der Ultra-Bewegung der exzessive Umgang mit Rauch- und Bengalpatronen, doch hier fanden im Laufe der Zeit selbstregulierende Prozesse statt. Der jahrelange Einsatz der Rauchbomben hat jedoch bewirkt, dass es bis in die Neuzeit immer noch strenge, präventive Kontrollen der Ordnungsdienste in Bezug auf Ultras gibt. Obwohl Ultras in der Regel als nicht gewaltsam gelten, ist ihr Image bei den Sicherheitsdiensten durchwachsen und von gegenseitigen Abneigungen geprägt.

Mittlerweile hat sich hier ein eigener Kosmos aus Rechten und Pflichten gebildet, der einen ständigen Austausch zwischen Ultras und Verein unumgänglich macht. Welche Parolen dürfen die Transparente und Doppelhalter haben? Welche Utensilien dürfen in den Gästesektor mitgenommen werden? Vereine haben spätesten in den neunziger Jahren erkannt, sich direkt um ihre Klientel zu kümmern. Die Ultras stehen als stimmungstechnischer Motor einer jeden Szene in ständigem Kontakt zu Vereinsvertretern, und mittlerweile wurde der Wert dieser Bewegung von den Vereinen auch erkannt. Dafür spricht die Bereitstellung von Räumlichkeiten im Stadion und die Unterstützung bei Auswärtsfahrten.

Hoch anzurechnen ist den »Ultras« ebenfalls, dass sie die Kreativität in die Kurven zurückbrachte. 1977 startete die erste große Merchandising-Welle. Die Industrie entdeckte die »Marktlücke Fan« und entwickelte nun in zunehmendem Maße auch Fan-Artikel für den Alltagsgebrauch. Für einen Verein wie den VfB, der kurz zuvor nicht einmal mehr seine Stromrechnungen zu zahlen in der Lage war, natürlich ein ganz neuer Einnahmeposten. In den neunziger Jahren erstickte die vollkommen kommerzialisierte Form des Merchandising jedoch sämtliche Eigenbemühungen der Fans. Die Ultras ließen ihrer Fantasie bei der Gestaltung von Großfahnen und Transparenten nun freien Lauf, und bei den Doppelhaltern konnte sich ein jeder sein Unikat anfertigen.

Dennoch befruchten sich die verschiedensten Gruppierungen aus den jeweiligen Städten natürlich mit Ideen, auch grenzüberschreitend. Bei den Gesängen der Karlsruher ist die Nähe zu Frankreich unüberhörbar, und eine Stuttgarter Affinität zu italienischem Liedgut ist auch nicht zu leugnen. Man sollte nicht unterschätzen, wie viele schwäbische Groundhopper zwischendurch immer mal wieder die Serie A besuchen.

Was zudem in Deutschland auffällt, ist die hohe qualitative Ausbreitung der Ultra-Gruppierungen im Süden der Republik. Frankfurt, Nürnberg, Stuttgart und Karlsruhe haben sich hier einen hervorragenden Ruf erworben. Dies hat teilweise sicher lokale Gründe, aber auch die Nähe zu Frankreich sollte nicht außer Acht gelassen werden. Hier gab es in den letzten Jahren in Paris, Marseille und Lyon die beachtlichsten Entwicklungen.

Meines Erachtens hat die Ultra-Kultur, von allen Entwicklungen im Bereich der Welt der Fans in den letzten 30 Jahren, die größten Chancen, sich zu halten. Es ist eine vom Grundsatz her friedliche, unpolitische, das eigentliche Spiel in den Vordergrund rückende Sache. Eine Sache, die im Vorfeld der Spiele oft umfangreiche Kommunikationen nötig macht, aber im Moment des Auflaufens der Mannschaften für sich selbst spricht.

Der Fußball im Wandel der Zeit

Wahrscheinlich wird jede Generation für sich in Anspruch nehmen, dass zu ihrer Zeit der modernste, ansehnlichste, der beste Fußball gespielt wurde.

Auch ich verteidigte den Fußball in den letzten 20 Jahren gegenüber dem der fünfziger bis Anfang der siebziger Jahre. Natürlich ist das Spiel schneller, athletischer und rasanter geworden. Zu diesem Ergebnis kommt man automatisch, betrachtet man beispielsweise Wiederholungen alter Klassiker wie Deutschland-Italien oder das Endspiel von 1974.

Geht man differenzierter an die Sache heran, fällt meines Erachtens auf, dass der Fußball ungefähr seit dem Jahre 2000 eine negative Entwicklung genommen hat, die ihm vieles von seiner Magie genommen hat. International gesehen waren sowohl die WM 98 in Frankreich als auch die EM 2000 in Belgien und den Niederlanden noch wahre Demonstrationen modernsten Offensiv-Fußballs. Speziell die Franzosen, Brasilianer und Niederländer verknüpften Athletik und spielerische Klasse auf beachtliche Weise. Ab der Jahrtausendwende jedoch setzte sich, und das europaweit, eine Philosophie durch, welche zu deutlichen Attraktivitätsverlusten des Spieles führte. Plötzlich entwickelte sich ein Trend in die Richtung, in allererster Linie auf die Sicherung des eigenen Tores erpicht zu sein. Begriffe wie »ballorientierte Raumdeckung«, »eng am Mann sein«, »die Räume eng machen«, »die Null muss stehen« und »hinten nichts zulassen« wurden immer aktueller und durften in keinem Interview fehlen.

Ich meine, dass das perfekte Umsetzen dieser Philosophie dazu geführt hat, dass die Mehrzahl der heutigen Bundesliga-Teams nicht mehr dazu in der Lage ist, ein kreatives Aufbauspiel in die Offensive zu entwickeln. Aktuell gibt es mit Bremen und Mainz eigentlich nur zwei Mannschaften, deren Auffassung vom Spiel nicht in einem taktischen Korsett erstickt wird. Während sich die Bremer diese Philosophie aufgrund ihrer individuellen Klasse im Offensiv-Bereich leisten können, ist die Devise von Jürgen Klopp noch bewundernswerter. So sprachen die Mainzer davon, ihr Spiel »ergebnisunabhängig« aufzuziehen, um damit auf jede Situation reagieren zu können.

Wie oft erlebt man heutzutage, dass sich Mannschaften minutenlang damit begnügen, sich den Ball in den eigenen Reihen zuzuschieben, um dann in den letzten Minuten erfolglose Aufholjagden zu starten. Die Mainzer Herangehensweise birgt zwar Risiken in sich, doch zumindest brauchen sie sich nach Spielende nicht vorwerfen lassen, nicht alles versucht zu haben. Eines der beeindruckendsten Erlebnisse in letzter Zeit sah ich beim Mainzer 5:1 in dieser Saison 05/06 gegen Wolfsburg. Nach einem 3:1 zur Pause begnügten sie sich nicht mit der Verwaltung des Ergebnisses, sondern kamen »wie von der Tarantel gestochen« aus der Kabine und schossen sofort wieder aus allen Lagen auf das Tor. Ein völlig atypischer Vorgang in der Liga, der jedoch bis vor wenigen Jahren normal war.

Eine große Anzahl von Toren ist noch nicht der Beweis für die Qualität eines Spieles. Es gibt jedoch Indizien dafür, dass in früheren Zeiten die Entscheidungsgewalten der Spieler, ein Spiel nach einer Führung weiter nach vorne zu tragen, erheblich größer waren.

Wie war es sonst möglich, dass der VfB beispielsweise die Nürnberger in den Achtzigern nach einem Halbzeitstand von 0:0 noch mit 7:0 abwatschte? Kantersiege gab es bis zur Jahrtausendwende zigfach. Auch die Kölner, Bremer, Hamburger, Münchner und Dortmunder, also alles Star-Ensembles mit der Möglichkeit, ein Spiel zu machen, begnügten sich in früheren Jahren nicht mit einer knappen Führung. Zwar galten deren Trainer Weisweiler, Happel, Czernai und Hitzfeld auch als absolute Taktikexperten, doch ließen sie vor allem ihren Spielgestaltern mehr Eigenverantwortlichkeit. Auf jeden Fall war das damalige Spiel hemmungsloser, risikofreudiger, unberechenbarer und damit beseelter.

Leider muss man feststellen, dass die heutige Verwaltungsmentalität auch vor dem VfB nicht Halt gemacht hat. Die Entwicklung setzte unter Rangnicks ballorientierter Raumdeckung ein, und selbst unter Magath ließ man sich nach einer Führung sofort »fallen«. In letzter Zeit unter Trapattoni scheinen die Möglichkeiten der Spieler, sich taktischen Fesseln entziehen zu können, auf ein Minimum beschränkt worden zu sein. Während unter Rangnick speziell ein Balakov durch die »taktischen Kompliziertheiten« irritiert schien, hat man beim VfB 05/06 das Gefühl, dass alle Spieler in einem ständigen Zwiespalt stecken zwischen dem, was sie instinktiv machen wollen, und dem, was ihnen die Taktik-Tafel vorgibt.

Was auch seit ungefähr fünf Jahren auffällt, ist, dass immer weniger Torchancen herausgespielt werden. Auch dies kann man im Hinblick auf alle europäischen Top-Ligen ganz pauschal so konstatieren. Es gibt zwar hervorragende 0:0-Spiele, aber Partien fast gänzlich ohne Torchancen können nichts hergeben. Oft hört man Reporter davon sprechen, »dass die Trainer und Experten mit diesem taktischen Leckerbissen wohl zufrieden gewesen seien, es aber kein Spektakel für das Publikum darstellte«.

Die Gründe dafür, dass sich eine enorme Anzahl Spiele teilweise fast über 90 Minuten zwischen den Strafräumen abspielen, liegen auf der Hand. Viele Clubs spielen mittlerweile nur noch mit einer plus einer verkappten Spitze. Allein numerisch sind die heutigen Angreifer also den Viererketten unterlegen. Vorbei sind die Zeiten, in denen klassische Dreier-Sturmformationen den damaligen Dreier-Abwehrketten von den Flügeln her einheizten und es klare Eins-zu-eins-Situationen gab. Man hat mittlerweile den Eindruck, manche Angreifer oder Offensiv-Verteidiger erschrecken regelrecht, wenn sich auf den Außen-Positionen Platz zum Flanken bietet und sie in die Situation eines Abramzyk, Kelsch, Kaltz oder Reinders kommen.

Ich persönlich vermisse das klassische Flügel-Spiel der Siebziger im heutigen Fußball am meisten. An seiner Stelle wird mittlerweile versucht, den sich noch bietenden wenigen Raum dahingehend zu nutzen, durch x-fache Pässe in die Gasse Gefahr heraufzubeschwören. Auf diese Art und Weise fallen heute auch die mit Abstand meisten Tore. Speziell in der englischen Premier League verkommt diese Herangehensweise allerdings zur nervtötenden Sisyphusarbeit. Hier stehen sich größtenteils starke Individualisten und Athleten gegenüber, doch die Partien spielen sich fast gänzlich ohne Tempowechsel und Ideen zwischen den Strafräumen ab. Gewissermaßen ein Fünf-gegen-zwei-Spiel im »großen Rahmen«. Ähnlich sieht die Sache in Italien aus.

Ein moderner, ansprechender Stil wird dagegen in Spanien und vor allem in Frankreich gespielt. Was ein Olympique Lyon in den letzten Jahren, unter anderem bei den Kantersiegen gegen Bremen und München, präsentierte, wird hoffentlich richtungsweisend für den Rest Europas sein. Ein vom Timing her fantastisch dosierter Hurra-Stil, der aufgrund der im Bereich Technik und Taktik hervorragend ausgebildeten Spieler nicht im Harakiri endet. Praktisch ein Mainz 05 in Perfektion.

Neben den taktischen Engstirnigkeiten gibt es für die minimalistische Devise der meisten Teams im gesamten europäischen Fußball jedoch einen zweiten Grund: die Ausweitung der europäischen Vereinswettbewerbe. Die Champions League ist allein schon durch die vermehrte Anzahl der Spiele zu einer verkappten Europa-Liga geworden und hat es zudem unumgänglich gemacht, dass der UEFA-Cup durch den Donnerstag-Spieltag zeitnah an die jeweiligen Ligen herangerückt ist. So ist es wohl mehr als nur ein Gefühl, dass die Teams mit ihren Kräften haushalten und sich in den europäischen Wettbewerben Reserven für den Liga-Alltag aufbewahren und umgekehrt. Waren die internationalen Spiele früher herausragende sportliche Events, so hat man heute eher den Eindruck, sie dienen in erster Linie finanziellen Gesichtspunkten, zumal das System der Gruppenspiele in der Anfangsphase die Risikobereitschaft der Teams nicht gerade fördert.

Apropos Risikobereitschaft: Diese hat durch die enormen finanziellen Anreize und Gefahren im heutigen Fußball sicherlich abgenommen. Man kann zwar viel gewinnen, aber auch viel verlieren. Wo Abstiege über Existenzen entscheiden und Titel den ganz großen Aufstieg bedeuten können, stehen sich die Teams oft wie unsichere Boxer gegenüber, von denen jeder dem anderen den »Vortritt« beim Begehen des ersten Fehlers lassen will. Ist es ein Zufall, dass die Bedeutung des defensiven Mittelfelds, des »Staubsaugers« mit der Nummer 6, gerade in den Zeiten enorm an Bedeutung gewann, in denen der Lockruf der Champions League einsetzte? Selbst die Offensiv-Fanatiker Real Madrids stellten sich auf diesen neuen Trend ein und installierten in diesem Bereich einen Makalele.

Insgesamt scheint der Fußball der Neuzeit also berechnender und nüchterner geworden zu sein, obwohl der Großteil der Spieler vorangegangenen Generationen in vielen Punkten überlegen ist. Was fehlt, ist vielleicht der Spirit eines Johann Cruyff, einfach einmal Grenzen austesten zu wollen und den Kollektiv-Gedanken hintanzustellen.

Doch wir wollen nicht mit diesen negativen Tendenzen enden. Die Modifizierung der Rückpass-Regel und der Einsatz von mehreren Bällen ist dem zügigen Ablauf der Spiele auf jeden Fall entgegengekommen. Wenn es in Zukunft gelingen sollte, diese Errungenschaften wieder mit mehr Risikofreudigkeit und gezielten Offensiv-Aktionen zu verbinden, sollte die Talsohle überwunden werden und die Abläufe auf dem Spielfeld werden mit den europaweit entstandenen grandiosen Stadionbauten mithalten können.